Richard Ploner · Christoph Mayr

Brot aus Südtirol

Fünfte Auflage

VERLAGSANSTALT ATHESIA · BOZEN

Reduzierte Ausgabe
des im gleichen Verlag erschienenen
großformatigen Kochbuches

Anschrift von Richard Ploner:
Café-Restaurant Ploner
39040 Aldein
Dachselstraße 1 – Telefon/Fax (0471) 88 65 56

2002

Farbfotos: Christoph Mayr
Herstellung: Athesiadruck, Bozen
Druck: cierre grafica, Verona

ISBN 88-7014-617-0

www.athesiabuch.it
buchverlag@athesia.it

Weizenbrote

Moderner Zopf

500 g Weizenmehl
30 g Hefe
ca. ¼ l lauwarmes Wasser
1 Teel. Zucker, ½ Eßl. Salz
2 Eßl. kaltgepreßtes Olivenöl
Gerstenflocken, Mohn, Hirse
1 Ei zum Bestreichen, Öl zum Bestreichen
Kleie fürs Backblech

Backzeit: ca. 20 Minuten

Das Mehl in eine Schüssel geben und in die Mitte eine Vertiefung drücken. Die Hefe in einen Hafen bröckeln, mit dem Zucker und etwas Wasser auflösen und in die Mehlvertiefung einrühren. Das Salz auf den Mehlrand streuen, das Öl und das restliche Wasser beifügen und auf einer bemehlten Arbeitsfläche gut zu einem glatten, geschmeidigen Teig kneten. Den Teig in einer Schüssel mit Öl bestreichen, zugedeckt an einem warmen Ort 25 Minuten gehen lassen. Den Teig auf einer bemehlten Arbeitsfläche in sechs gleich große Teile schneiden, rund wirken und zu gleich langen Rollen formen. Die Rollen auf beiden Seiten mit Ei bestreichen, abwechselnd in den Samen wälzen und zwei Zöpfe flechten. Die Zöpfe auf das mit Kleie bestreute Blech legen, nochmals 20 Minuten gehen lassen und im vorgeheizten Rohr bei 180 Grad backen.

Weißes Minzenbrot

450 g Weizenmehl
30 g Hefe
30 g Butter
¼ l lauwarmes Wasser
1 Teel. Zucker, ½ Eßl. Salz
1 Eßl. gehackte Pfefferminze
1 Eßl. gehackte Zitronenmelisse
1 Ei zum Bestreichen, Öl zum Bestreichen
Kleie fürs Backblech
Backzeit: ca. 20 Minuten

Das Mehl in eine Schüssel geben und in die Mitte eine Vertiefung drücken. Die Hefe in einen Hafen bröckeln, mit Zucker und etwas Wasser auflösen und in die Mehlvertiefung einrühren. Das Salz auf den Mehlrand streuen, die zerlassene Butter, die gehackten Kräuter und das restliche Wasser beifügen und auf einer bemehlten Fläche zu einem glatten, geschmeidigen Teig kneten. Den Teig in einer Schüssel zugedeckt, mit Öl bestrichen, 20 Minuten an einem warmen Ort gehen lassen. Auf einer bemehlten Arbeitsfläche nochmals kurz durcharbeiten, in drei gleich große Teile schneiden, rund wirken, Weggen formen und mit dem Schluß nach unten auf das mit Kleie bestreute Blech legen. Die Weggen aus halber Seitenhöhe mit einem scharfen Sägemesser viermal schräg 1 cm tief einschneiden, mit Ei bestreichen, nochmals 15 Minuten gehen lassen und im vorgeheizten Rohr bei 180 Grad backen.

Mohnbrot

450 g Weizenmehl
30 g Hefe
1 Teel. Zucker, ½ Eßl. Salz
¼ l lauwarmes Wasser
3 Eßl. Öl
Mohn
1 Ei zum Bestreichen
Öl zum Bestreichen
Kleie fürs Backblech
Backzeit: ca. 20 Minuten

Das Mehl in eine Schüssel geben und in die Mitte eine Vertiefung drücken. Die Hefe in einen Hafen bröckeln, mit dem Zucker und dem halben Wasser verrühren und in die Mehlvertiefung einrühren. Das Salz, Öl und das restliche Wasser unterrühren. Die Masse auf einer bemehlten Fläche gut zu einem glatten, geschmeidigen Teig kneten. Den Teig in eine Schüssel geben, mit Öl bestreichen und zugedeckt ca. 15 Minuten an einem warmen Ort gehen lassen. Den Teig in drei gleich große Stücke schneiden, zu runden Kugeln formen, die man auf der Oberseite mit verquirltem Ei bestreicht und in Mohn legt. Die Laibe auf das mit Kleie bestreute Blech legen und mit einem scharfen Messer ½ cm tief ein Kreuz einschneiden. Die Brote nochmals 10 Minuten gehen lassen und im vorgeheizten Ofen bei ca. 180 Grad backen.

Toastbrot

600 g Weizenmehl
25 g Hefe
ca. ⅛ l lauwarme Milch
½ Eßl. Salz
Butter und Mehl für die Kastenform
Backzeit: ca. 60 Minuten

Zwei Kastenformen mit Butter einfetten und mit Mehl bestäuben. Das Mehl in eine Schüssel geben und in die Mitte eine Vertiefung drücken. Die Hefe in einen Hafen bröckeln und mit der Milch auflösen und in die Mehlvertiefung einrühren. Das Salz auf dem Mehlrand streuen und alles zu einem mittelfesten Teig schlagen. Den Teig in zwei Teile trennen, in die vorbereiteten Formen füllen, ca. 20 Minuten gehen lassen. Die Formen mit einem Deckel schließen und im vorgeheizten Rohr bei 180 Grad backen. Den Deckel nach 45 Minuten abnehmen.

Drei-Samen-Ähre

450 g Weizenmehl
30 g Hefe
50 g Butter
¼ l lauwarme Milch
1 Teel. Zucker, ½ Eßl. Salz
Sesamsamen, Leinsamen, Sonnenblumenkörner
1 Ei zum Bestreichen
Öl zum Bestreichen
Kleie fürs Backblech
Backzeit: ca. 20 Minuten

Das Mehl in eine Schüssel geben und in die Mitte eine Vertiefung drücken. Die Hefe in einen Hafen bröckeln, mit Zucker und etwas Milch auflösen und in die Mehlvertiefung einrühren. Das Salz auf den Mehlrand streuen, die zerlassene Butter und die restliche Milch beifügen und auf einer bemehlten Fläche gut zu einem glatten, geschmeidigen Teig kneten. Den Teig in eine Schüssel geben, mit Öl bestreichen und zugedeckt an einem warmen Ort 20 Minuten gehen lassen. Den Teig auf einer bemehlten Fläche in drei gleich große Stücke schneiden, rund wirken und zu länglichen Weggen formen, die man mit dem Schluß nach unten auf das mit Kleie bestreute Blech legt. Die Weggen mit einer Schere ährenförmig einschneiden, mit Ei bestreichen und mit den drei Samen bestreuen. Nochmals 15 Minuten gehen lassen und im vorgeheizten Rohr bei 180 Grad backen.

Quarkbrot

500 g Weizenmehl
150 g Quark
40 g Hefe
30 g Butter, 1 Ei
⅛ l lauwarme Milch
1/16 l lauwarmes Wasser
2 Eßl. Zucker, ½ Eßl. Salz
1 Ei zum Bestreichen

Backzeit: ca. 20 Minuten

Das Mehl in eine Schüssel geben und in die Mitte eine Vertiefung drücken. Die Hefe mit dem Zucker in der Milch auflösen und in die Mehlvertiefung einrühren. Das Salz auf den Mehlrand streuen, die zerlassene Butter, das Ei und den Quark beifügen und alles zu einem geschmeidigen Teig schlagen. Den Teig zugedeckt an einem warmen Ort ca. 15 Minuten gehen lassen. Auf einer bemehlten Arbeitsfläche nochmals kurz durchkneten und in zwei gleich große Teile schneiden, rund wirken und mit dem Schluß nach unten auf ein geöltes und bemehltes Blech legen, mit Ei bestreichen und nochmals 15 Minuten gehen lassen. Das Brot im vorgeheizten Ofen bei 180 Grad backen.

Karottenbrot

500 g Weizenmehl
30 g Hefe
40 g Butter
200 g geriebene, ausgepreßte Karotten
⅛ l lauwarme Milch
⅛ l lauwarmen Karottensaft
1 Teel. Zucker, ½ Eßl. Salz
Butter und Mehl für die Kastenform

Backzeit: ca. 35 Minuten

Zwei Kastenformen mit Butter einfetten und mit Mehl bestäuben. Das Mehl in eine Schüssel geben und in die Mitte eine Vertiefung drücken. Die Hefe in einen Hafen bröckeln, mit Zucker und Milch auflösen und in die Mehlvertiefung einrühren. Das Salz auf den Mehlrand streuen, die zerlassene Butter, die Karotten und den Karottensaft beifügen und alles zu einem geschmeidigen Teig schlagen. Den Teig zugedeckt 20 Minuten an einem warmen Ort gehen lassen. Auf einer bemehlten Arbeitsfläche nochmals kurz durcharbeiten, in zwei Teile schneiden, rund wirken, zu Rollen formen, die man in die vorbereiteten Kastenformen gibt und nochmals 20 Minuten gehen läßt. Im vorgeheizten Rohr bei 180 Grad backen.

Süße Brote
für festliche Anlässe

Neujahrsbrötchen

500 g Weizenmehl
30 g Hefe
60 g Zucker
¼ l lauwarme Milch
60 g Butter
geriebene Zitronenschale
1 Ei
½ Teel. Salz
1 Ei zum Bestreichen
Sesamsamen
Butter und Mehl für die Pastetenförmchen

35 Pastetenförmchen mit Butter ausstreichen und mit Mehl stauben. Das Mehl in eine Schüssel geben und in die Mitte eine Vertiefung drücken. Die Hefe in einen Hafen bröckeln, mit dem Zucker und etwas Milch auflösen und in die Mehlvertiefung einrühren. Das Dampfl zugedeckt an einem warmen Ort 10 Minuten gehen lassen. Die restliche Milch, die zerlassene Butter, das Ei, Zitrone und das Salz beifügen. Den Teig schlagen, bis er Blasen wirft. Den Teig zugedeckt an einem warmen Ort 20 Minuten gehen lassen. Auf einer bemehlten Arbeitsfläche in 35 gleich große Stücke teilen, rund wirken und in die Förmchen geben. Diese mit Ei bestreichen und leicht mit Sesamsamen bestreuen. Die Brötchen 10 Minuten gehen lassen und im vorgeheizten Rohr bei 180 Grad backen.

Allerheiligenhase

500 g Weizenmehl
30 g Hefe, 40 g Zucker
¼ l lauwarme Milch
50 g Butter, 4 Eigelb
½ Teel. Salz, 1 Ei zum Bestreichen
Hagelzucker
Butter und Mehl fürs Backblech
Backzeit: ca. 20 Minuten

Das Mehl in eine Schüssel geben und in die Mitte eine Vertiefung drücken. Die Hefe in einen Hafen bröckeln, mit dem Zucker und etwas Milch auflösen und in die Mehlvertiefung einrühren. Das Dampfl zugedeckt an einem warmen Ort 10 Minuten gehen lassen. Die restliche Milch, die Eigelbe, die zerlassene Butter, und das Salz beifügen und den Teig schlagen, bis er Blasen wirft. Den Teig zugedeckt an einem warmen Ort 20 Minuten gehen lassen. Auf einer bemehlten Arbeitsfläche in zwei Teile trennen, rund wirken und 5 cm hoch ausrollen. Aus Karton ausgeschnittene Hasen auf den ausgerollten Teig legen, ausschneiden und die Hasen auf das gebutterte und bemehlte Blech legen. Mit Ei bestreichen, mit Hagelzucker bestreuen und nochmals 10—15 Minuten gehen lassen. Die Hasen im vorgeheizten Rohr bei 180 Grad backen.

Sonntagsbrot

500 g Weizenmehl
30 g Hefe
ca. ¼ l lauwarme Milch
25 g Zucker
5 Eigelbe
100 g zerlassene Butter
Zitronenzeste, ½ Teel. Salz
1 Eigelb zum Bestreichen
Butter und Mehl fürs Backblech

Backzeit: ca. 25 Minuten

Das Mehl in eine Schüssel geben und in die Mitte eine Vertiefung drücken. Die Hefe in einen Hafen bröckeln, mit dem Zucker und etwas Milch auflösen und in die Mehlvertiefung einrühren. Das Dampfl zugedeckt an einem warmen Ort 15 Minuten gehen lassen. Die restliche Milch, die zerlassene Butter, die Eigelbe, Zitrone und das Salz beifügen und den Teig so lange schlagen, bis er Blasen wirft. Den Teig zugedeckt 20 Minuten gehen lassen. Auf einer bemehlten Arbeitsfläche in zwei gleiche Teile trennen, rund wirken und mit dem Schluß nach unten auf das gebutterte und mit Mehl bestäubte Blech legen. Die Laibe mit einem scharfen Sägemesser viermal übers Kreuz einschneiden und mit Eigelb bestreichen, nochmals 15 Minuten gehen lassen und im vorgeheizten Rohr bei 180 Grad backen.

Osterkranz

500 g Weizenmehl
30 g Hefe
¼ l lauwarme Milch
90 g Butter, 1 Ei
50 g Zucker, 2 cl Rum
200 g Rosinen, ½ Teel. Salz
100 g gehacktes Zitronat
1 Ei zum Bestreichen
Butter und Mehl fürs Backblech

Backzeit: ca. 20 Minuten

Das Mehl in eine Schüssel geben und in die Mitte eine Vertiefung drücken. Die Hefe in einen Hafen bröckeln, mit dem Zucker und etwas Milch auflösen und in die Mehlvertiefung einrühren. Das Dampfl zugedeckt an einem warmen Ort 10 Minuten gehen lassen. Die Rosinen und Zitronat in Rum etwas ziehen lassen. Die restliche Milch, die zerlassene Butter, das Ei, die Rosinen, Zitronat und das Salz beifügen und den Teig schlagen, bis er Blasen wirft. Den Teig zugedeckt an einem warmen Ort 20 Minuten gehen lassen. Auf einer bemehlten Arbeitsfläche in sechs gleiche Teile trennen, rund wirken, zu Rollen formen, daraus zwei Zöpfe flechten und zu Kränzen zusammenflechten. Die Kränze auf das gebutterte und bemehlte Blech legen, mit Ei bestreichen, nochmals 10—15 Minuten gehen lassen und im vorgeheizten Rohr bei 180 Grad backen.

Walnußstuten

500 g Weizenmehl
30 g Hefe
30 g Zucker
ca. ¼ l lauwarme Milch
3 Eier
100 g Butter, 1 Teel. Salz
200 g geschälte, gehackte Walnüsse
1 Ei zum Bestreichen
Butter und Mehl für die Kastenformen
Backzeit: ca. 30 Minuten

Zwei Kastenformen ausbuttern und stauben. Das Mehl in eine Schüssel geben und in die Mitte eine Vertiefung drücken. Die Hefe in einen Hafen bröckeln, mit dem Zucker und etwas Milch auflösen und in die Mehlvertiefung einrühren. Das Dampfl zugedeckt an einem warmen Ort zehn Minuten gehen lassen. Die restliche Milch, die Eier, die Butter, die Nüsse und das Salz beifügen und den Teig schlagen, bis er Blasen wirft. Den Teig zugedeckt 20 Minuten gehen lassen. Auf einer bemehlten Arbeitsfläche in zwei gleich große Teile trennen, rund wirken, zu Rollen formen und mit dem Schluß nach unten in die vorbereiteten Kastenformen geben. Die Stuten mit Ei bestreichen, 15 Minuten gehen lassen und im vorgeheizten Rohr bei 180 Grad backen.

Weihnachtsstollen

500 g Weizenmehl
50 g Hefe, 40 g Zucker
ca. ¼ l lauwarme Milch
1 Ei, 1 Eidotter, ½ Teel. Salz

180 g Butter
220 g Weizenvollmehl

200 g gehackte, kandierte Früchte
200 g Sultaninen
2 cl Rum
Butter und Staubzucker
Pergamentpapier und Butter fürs Backblech
Backzeit: ca. 70 Minuten

Ein Backblech mit Pergamentpapier belegen und mit Butter bestreichen. Das Weizenmehl in eine Schüssel geben und in die Mitte eine Vertiefung drücken. Die Hefe in einen Hafen bröckeln, mit dem Zucker und der Milch auflösen und in die Mehlvertiefung einrühren. Das Dampfl 15 Minuten gehen lassen. Das Ei, den Eidotter und das Salz beifügen und auf einer bemehlten Arbeitsfläche zu einem festen Teig kneten. Den Teig zugedeckt 15 Minuten gehen lassen.
Die Butter mit dem Weizenmehl verkneten und unter den Hefeteig arbeiten, den man wiederum 15 Minuten gehen läßt.
Die Sultaninen und die kandierten Früchte im Rum einweichen, etwas ziehen lassen und unter den Hefeteig kneten, den man wiederum 15 Minuten gehen läßt. Auf einer bemehlten Arbeitsfläche in zwei gleich große Teile trennen, rund wirken, zu Rollen formen, leicht ausrollen, so daß sie in der Mitte tiefer als an den Rändern sind. Den Teig der Länge nach einmal zusammenklappen, auf das vorbereitete Blech legen, zugedeckt nochmals 15 Minuten gehen lassen und im vorgeheizten Rohr bei 180 Grad backen.
Die fertigen Stollen noch heiß mit der zerlassenen Butter bestreichen und gut mit Staubzucker bestreuen. Die Stollen in Pergamentpapier einschlagen und in einer Dose zwei Wochen aufbewahren.

Früchtebrot

300 g Butter
300 g Zucker
8 Eier, 1 Backpulver
370 g Mehl
200 g kandierte Früchte
50 g gehackte Pistazien
Butter und Mehl für Kastenform

Backzeit: ca. 55 Minuten

Die Kastenform ausbuttern und mit Mehl bestäuben. Die Butter mit dem Zucker gut verrühren, die Eier beifügen und die Masse schaumig rühren. Das Backpulver mit dem Mehl vermischen und mit den Pistazien und den kandierten Früchten unter die Eiermasse ziehen. Die Masse in die Kastenform füllen und im vorgeheizten Rohr bei 180 Grad backen.

Dattelzopf

500 g Weizenmehl
30 g Hefe
¼ l lauwarme Milch
50 g Butter, 70 g Zucker
1 Ei, 1 Eidotter
100 g Datteln, Ei zum Bestreichen
½ Teel. Salz, Datteln
Butter und Mehl fürs Backblech

Backzeit: ca. 20 Minuten

Das Mehl in eine Schüssel geben und in die Mitte eine Vertiefung drücken. Die Hefe in einen Hafen bröckeln, mit dem Zucker und etwas Milch auflösen und in die Mehlvertiefung einrühren. Das Dampfl zugedeckt an einem warmen Ort 10 Minuten gehen lassen. Die restliche Milch, das Ei, das Eigelb, die zerlassene Butter, die geteilten, entkernten Datteln und das Salz beifügen und den Teig schlagen, bis er Blasen wirft. Den Teig zugedeckt an einem warmen Ort 20 Minuten gehen lassen. Auf einer bemehlten Arbeitsfläche in sechs gleiche Stücke teilen, rund wirken, zu Rollen formen und daraus zwei Zöpfe flechten, die man auf das gebutterte und bemehlte Blech legt. Die Zöpfe mit Ei bestreichen und mit halbierten Datteln verzieren. Die Zöpfe nochmals 15—20 Minuten gehen lassen und im vorgeheizten Rohr bei 170 Grad backen.

Feigenbrot

500 g Weizenmehl
30 g Hefe
50 g Zucker
⅛ l lauwarme Milch, 2 Eier
2 Eidotter
2 cl Rum
geriebene Zitronenschale
150 g getrocknete Feigen
100 g Butter, 1 Messerspitze Salz
Staubzucker
Butter und Mehl für die Springform

Backzeit: ca. 35 Minuten

Das Mehl in eine Schüssel geben und in die Mitte eine Vertiefung drücken. Die Hefe in einen Hafen bröckeln, mit dem Zucker und der Milch auflösen und in die Mehlvertiefung einrühren. Das Dampfl zugedeckt an einem warmen Ort 10 Minuten gehen lassen. Die zerkleinerten Feigen in Rum etwas ziehen lassen. Die Eier, zerlassene Butter, Zitrone, die Eidotter, die Feigen und das Salz beifügen und den Teig schlagen, bis er Blasen wirft. Den Teig zugedeckt an einem warmen Ort 20 Minuten gehen lassen. Inzwischen buttern wir zwei Springformen aus und stauben sie mit Mehl. Den Teig auf einer bemehlten Arbeitsfläche leicht ausrollen, runde Kugeln ausstechen, die man eng nebeneinander in die Springform gibt. Das Brot nochmals 10–15 Minuten gehen lassen und im vorgeheizten Rohr bei 180 Grad backen. Das ausgekühlte Brot mit Staubzucker bestreuen.

Kokosnußbrot

400 g Weizenmehl
100 g Weizenvollmehl
30 g Hefe
150 g Kokosflocken
¼ l lauwarme Milch
50 g Butter, 1 Ei
60 g Zucker
1 Messerspitze Salz
1 Ei zum Bestreichen
Kokosflocken
Butter und Mehl für die Herzform

Backzeit: ca. 20 Minuten

Zwei Herzformen ausbuttern und mit Mehl stauben. Das vermischte Mehl in eine Schüssel geben und in die Mitte eine Vertiefung drücken. Die Hefe in einen Hafen bröckeln, mit dem Zucker und etwas Milch auflösen und in die Mehlvertiefung einrühren. Das Dampfl zugedeckt an einem warmen Ort 10 Minuten gehen lassen. Die restliche Milch, die zerlassene Butter, das Ei, die Kokosflocken und das Salz beifügen und den Teig schlagen, bis er Blasen wirft. Den Teig zugedeckt an einem warmen Ort 20 Minuten gehen lassen. Auf einer bemehlten Arbeitsfläche in zwei gleiche Teile trennen, rund wirken und in die vorbereiteten Herzformen geben. Mit Ei bestreichen und mit Kokosflocken bestreuen. Die Brote nochmals 15 Minuten gehen lassen und im vorgeheizten Rohr bei 180 Grad backen.

Weizenmischbrote

Kräuterbrot

400 g Weizenmehl
100 g Roggenmehl
30 g Hefe
50 g Butter
¼ l lauwarme Milch
1 Teel. Zucker, ½ Eßl. Salz
½ Teel. geh. Basilikum
1 Teel. Schnittlauch
1 Teel. geh. Petersilie
½ Teel. Koriander
1 Ei zum Bestreichen
Kleie fürs Backblech

Backzeit: ca. 20 Minuten

Das vermischte Mehl in eine Schüssel geben und in die Mitte eine Vertiefung drücken. Die Hefe in einen Hafen bröckeln, mit Zucker und Milch auflösen und in die Mehlvertiefung einrühren. Das Salz auf den Mehlrand streuen, die zerlassene Butter und die gehackten Kräuter beifügen. Auf einer bemehlten Arbeitsfläche zu einem geschmeidigen Teig kneten, in die Schüssel geben und zugedeckt an einem warmen Ort 25 Minuten gehen lassen. Nochmals auf einer bemehlten Fläche kurz durcharbeiten, in drei gleich große Teile schneiden, rund wirken, zu Rollen formen und daraus einen falschen Zopf flechten, indem Sie die Rolle in der Mitte zusammenklappen und die Enden kreuzweise flechten. Die falschen Zöpfe auf das mit Kleie bestreute Blech legen, mit Ei bestreichen, 20 Minuten gehen lassen und im vorgeheizten Rohr bei 180 Grad backen.

Maisbrot

200 g Maismehl mittel
100 g Roggenmehl
200 g Weizenmehl
30 g Hefe
¼ l lauwarme Milch
1 Ei, 1 Teel. Zucker, ½ Eßl. Salz
Kleie fürs Backblech

Backzeit: ca. 20 Minuten

Das vermischte Mehl in eine Schüssel geben und in die Mitte eine Vertiefung drücken. Die Hefe in einen Hafen bröckeln, mit Zucker und etwas Milch auflösen und in die Mehlvertiefung einrühren. Das Salz auf den Mehlrand streuen, das Ei und die restliche Milch beifügen und alles zu einem mittelfesten Teig schlagen. Den Teig zugedeckt an einem warmen Ort 15 Minuten gehen lassen. Auf einer bemehlten Arbeitsfläche nochmals kurz durcharbeiten, in zwei gleich große Teile schneiden, rund wirken und mit dem Schluß nach unten auf das mit Kleie bestreute Blech legen. Die Laibe ca. 15 Minuten gehen lassen und im vorgeheizten Rohr bei 180 Grad backen.

Weizenkörnerbrot

250 g Roggenmehl
250 g Weizenmehl
150 g Weizenkörner
30 g Hefe
¼ l und 100 ml lauwarmes Wasser
1 Teel. Zucker, ½ Eßl. Salz
Kleie fürs Backblech

Backzeit: ca. 25 Minuten

Die Weizenkörner im Wasser 50 Minuten kochen und über Nacht eingeweicht lassen. Das vermischte Mehl in eine Schüssel geben und in die Mitte eine Vertiefung drücken. Die Hefe in einen Hafen bröckeln, mit Zucker und etwas Wasser auflösen und in die Mehlvertiefung einrühren. Das Salz auf den Mehlrand streuen, die lauwarmen, abgesiebten Weizenkörner dazugeben und mit dem restlichen Wasser zu einem mittelfesten Teig schlagen. Den Teig zugedeckt an einem warmen Ort 15 Minuten gehen lassen. Auf einer bemehlten Arbeitsfläche nochmals kurz durcharbeiten, in drei gleich große Teile schneiden, rund wirken, etwas flach drücken und auf das mit Kleie bestreute Backblech legen. Die Laibe mit einem Spieß mehrmals einstechen, nochmals 15 Minuten gehen lassen und im vorgeheizten Rohr bei 210 Grad backen.

Fenchelbrot

100 g Weizenvollmehl
100 g Grünkernmehl
100 g Roggenmehl
200 g Weizenmehl
30 g Hefe
2 Eßl. gemahlenen Fenchel
1 Teel. Zucker, ½ Eßl. Salz
ca. ⅜ l lauwarmes Wasser
1 Ei zum Bestreichen
Kleie fürs Backblech

Backzeit: ca. 25 Minuten

Das vermischte Mehl in eine Schüssel geben und in die Mitte eine Vertiefung drücken. Die Hefe in einen Hafen bröckeln, mit dem Zucker und etwas Wasser auflösen und in die Mehlvertiefung einrühren. Das Salz auf den Mehlrand streuen, den Fenchel, das übrige Wasser beifügen und alles zu einem mittelfesten Teig schlagen. Den Teig zugedeckt an einem warmen Ort 20 Minuten gehen lassen. Auf einer bemehlten Fläche nochmals kurz durcharbeiten, in drei gleich große Teile schneiden, rund wirken und mit dem Schluß nach unten auf das mit Kleie bestreute Blech legen. Die Laibe mit einem scharfen Sägemesser viermal auf den Seiten ½ cm tief einschneiden, mit Ei bestreichen, nochmals 15 Minuten gehen lassen und im vorgeheizten Rohr bei 210 Grad backen.

Weizenmischbrot

300 g Weizenmehl
200 g Roggenmehl
30 g Hefe
ca. ⅜ l lauwarmes Wasser
1 Teel. Zucker, ½ Eßl. Salz
1 Teel. Kümmel, 1 Teel. Fenchel
Kleie fürs Backblech

Backzeit: ca. 25 Minuten

Das vermischte Mehl in eine Schüssel geben und in die Mitte eine Vertiefung drücken. Die Hefe in einen Hafen bröckeln, mit dem Zucker und etwas Wasser auflösen und in die Mehlvertiefung einrühren. Das Salz auf den Mehlrand streuen, die Gewürze beifügen und mit dem restlichen Wasser zu einem mittelfesten Teig schlagen. Den Teig zugedeckt an einem warmen Ort 20 Minuten gehen lassen. Auf einer bemehlten Arbeitsfläche nochmals kurz durcharbeiten, in zwei gleich große Teile schneiden, rund wirken, mit einem runden Ausstecher ringsum einstechen und die Laibe mit dem Schluß nach unten auf das mit Kleie bestreute Blech legen. Die Laibe nochmals 15 Minuten gehen lassen und im vorgeheizten Rohr bei 200 Grad backen.

Safranbrot

200 g Weizenmehl
200 g Weizenvollmehl
100 g Roggenmehl
50 g Sesamsamen
30 g Hefe
ca. ⅜ l lauwarme Milch
1 Teel. Zucker, ½ Eßl. Salz
3 Briefchen Safran
Sesamsamen
1 Ei zum Bestreichen
Butter und Mehl für die Kastenform

Backzeit: ca. 30 Minuten

Zwei Kastenformen ausfetten und stauben. Das vermischte Mehl in eine Schüssel geben und in die Mitte eine Vertiefung drücken. Die Hefe in einen Hafen bröckeln, mit dem Zucker und etwas Milch auflösen und in die Mehlvertiefung einrühren. Das Salz auf den Mehlrand streuen, den in der restlichen Milch aufgelösten Safran und die Sesamsamen beifügen und alles zu einem mittelfesten Teig schlagen. Den Teig zugedeckt an einem warmen Ort 25 Minuten gehen lassen. Auf einer bemehlten Arbeitsfläche nochmals kurz durcharbeiten, in zwei gleich große Teile schneiden, rund wirken, zu Rollen formen, in die vorbereiteten Kastenformen geben, mit Ei bestreichen und leicht mit Sesamsamen bestreuen. Das Brot nochmals 15 Minuten gehen lassen und im vorgeheizten Rohr bei 200 Grad backen.

Marmorbrot

200 g Weizenmehl
100 g Weizenvollmehl
200 g Roggenmehl
30 g Hefe
ca. ⅗ l lauwarmes Wasser
1 Teel. Zucker, ½ Eßl. Salz
2 Eßl. Farbe (Coleur)
Gerstenflocken
1 Ei zum Bestreichen
Kleie fürs Backblech
Backzeit: ca. 25 Minuten

Das vermischte Mehl in eine Schüssel geben und in die Mitte eine Vertiefung drücken. Die Hefe in einen Hafen bröckeln, mit dem Zucker und etwas Wasser auflösen und in die Mehlvertiefung einrühren. Das Salz auf den Mehlrand streuen und mit dem restlichen Wasser zu einem mittelfesten Teig rühren. Den Teig in zwei Teile trennen, in der einen Masse die zwei Eßl. Coleur beifügen und beide Teile in getrennten Schüsseln zu geschmeidige Teige schlagen. Die Teige zugedeckt an einem warmen Ort 10 Minuten gehen lassen. Auf einer bemehlten Fläche beide Teile nochmals kurz durcharbeiten, in vier Teile schneiden, rund wirken, Weggen formen und so zusammenlegen, daß daraus ein Marmorbrot entsteht. Die Weggen mit Ei bestreichen, die Oberseite in den Gerstenflocken wälzen und auf das mit Kleie bestreute Blech legen. Die Weggen nochmals ca. 15 Minuten gehen lassen und im vorgeheizten Rohr bei 180 Grad backen.

Speckbrot

150 g Weizenschrot
200 g Roggenmehl
150 g Weizenmehl
30 g Hefe
100 g Bauchspeck (angeschwitzt)
⅛ l lauwarmes Wasser
¼ l lauwarme Milch
1 Teel. Zucker, 1 Teel. Salz
Kleie fürs Backblech
Backzeit: ca. 30 Minuten

Das vermischte Mehl in eine Schüssel geben und in die Mitte eine Vertiefung drücken. Die Hefe in einen Hafen bröckeln, mit Zucker und Wasser auflösen und in die Mehlvertiefung einrühren. Das Salz auf den Mehlrand streuen, den in kleine Würfel geschnittenen, angeschwitzten Speck beifügen und mit der Milch zu einem mittelfesten Teig schlagen. Den Teig zugedeckt an einem warmen Ort 25 Minuten gehen lassen. Auf einer bemehlten Arbeitsfläche nochmals kurz durcharbeiten und in drei gleich große Teile schneiden, rund wirken, Weggen formen und mit dem Schluß nach unten auf ein mit Kleie bestreutes Blech legen. Die Weggen mit einem scharfen Sägemesser aus halber Seitenhöhe quer einschneiden, nochmals ca. 15 Minuten gehen lassen und im vorgeheizten Rohr bei 200 Grad backen.

Leinsamenbrot

100 g Weizenschrot mittel
100 g Roggenschrot mittel
100 g Roggenmehl
400 g Weizenmehl
100 g Leinsamen
40 g Hefe, 1 Teel. Zucker
¼ l lauwarmes Wasser
1 Eßl. Salz
¼ l lauwarme Milch
Kleie fürs Backblech

Backzeit: ca. 30 Minuten

Den Leinsamen zwei Tage in etwas Wasser ziehen lassen, damit er sich vollsaugt. Das vermischte Mehl in eine Schüssel geben und in die Mitte eine Vertiefung drücken. Die Hefe in einen Hafen bröckeln, mit dem Zucker in der Hälfte Wasser auflösen und in die Mehlvertiefung einrühren. Das Salz auf den Mehlrand streuen, den Leinsamen beifügen und mit dem restlichen Wasser und der Milch verarbeiten. Den Teig in einer Schüssel zugedeckt an einem warmen Ort ca. 25 Minuten gehen lassen. Auf einer bemehlten Fläche nochmals kurz durcharbeiten, in vier gleich große Teile schneiden, rund wirken und Weggen formen. Die Weggen mit dem Schluß nach unten auf ein mit Kleie bestreutes Blech legen und nochmals ca. 15 Minuten gehen lassen. Das Brot wird im vorgeheizten Rohr bei 180 Grad gebacken.

Grischnbrot (Kleiebrot)

300 g Weizenmehl
100 g Roggenmehl
100 g Kleie (Grischn)
30 g Hefe
⅜ l lauwarmes Wasser
1 Teel. Zucker, ½ Eßl. Salz
Eiweiß zum Bestreichen
Kleie fürs Backblech

Backzeit: ca. 20 Minuten

Das vermischte Mehl mit der Kleie in eine Schüssel geben und in die Mitte eine Vertiefung drücken. Die Hefe mit dem Zucker und etwas Wasser auflösen und in die Mehlvertiefung einrühren. Das Salz auf den Mehlrand streuen und mit dem übrigen Wasser zu einem geschmeidigen Teig kneten. Den Teig zugedeckt an einem warmen Ort 15 Minuten gehen lassen. Den Teig auf einer bemehlten Arbeitsfläche kurz durcharbeiten und in zwei gleich große Teile schneiden, rund wirken, etwas flach drücken und mit dem Schluß nach unten auf ein mit Kleie bestreutes Blech legen. Mit einem scharfen Sägemesser viermal querüber 1 cm tief einschneiden. Die Brotlaibe mit Eiweiß bestreichen und nochmals 15 Minuten gehen lassen. Das Brot im vorgeheizten Ofen bei ca. 180 Grad knusprig backen.

Schinkenbrot

200 g Weizenmehl
200 g Weizenvollmehl
100 g Roggenmehl
50 g gekochten Schinken
100 g Weizenkörner
30 g Hefe
3/8 l lauwarmes Wasser
1 Teel. Zucker, 1/2 Eßl. Salz
Butter und Mehl für die Kastenform

Backzeit: ca. 30 Minuten

Zwei Kastenformen mit Butter ausstreichen und mit Mehl stäuben. Die Weizenkörner 50 Minuten kochen und über Nacht eingeweicht lassen. Das vermischte Mehl in eine Schüssel geben und in die Mitte eine Vertiefung drücken. Die Hefe in einen Hafen bröckeln, mit Zucker und etwas Wasser auflösen und in die Mehlvertiefung einrühren. Das Salz auf den Mehlrand streuen, die lauwarmen, abgesiebten Weizenkörner und den in kleine Würfel geschnittenen Schinken dazugeben und mit dem restlichen Wasser zu einem mittelfesten Teig schlagen. Den Teig zugedeckt an einem warmen Ort 20 Minuten gehen lassen. Auf einer bemehlten Arbeitsfläche nochmals kurz durcharbeiten, in zwei gleich große Teile schneiden, rund wirken, zu Rollen formen, die man in die vorbereiteten Kastenformen gibt und nochmals 20 Minuten gehen läßt. Im vorgeheizten Rohr bei 200 Grad backen.

Zwiebelbrot

250 g Weizenmehl
250 g Roggenvollmehl
30 g Hefe
60 g Butter, 1 gehackte Zwiebel
1/4 l und 50 ml lauwarmes Wasser
1 Teel. Zucker, 1/2 Eßl. Salz
Kleie fürs Backblech

Backzeit: ca. 25 Minuten

Das vermischte Mehl in eine Schüssel geben und in die Mitte eine Vertiefung drücken. Die Hefe in einen Hafen bröckeln, mit Zucker und etwas Wasser auflösen und in die Mehlvertiefung einrühren. Das Salz auf den Mehlrand streuen, die in Butter angeschwitzte Zwiebel beifügen und mit dem restlichen Wasser zu einem mittelfesten Teig kneten. Den Teig zugedeckt an einem warmen Ort 20 Minuten gehen lassen. Auf einer bemehlten Arbeitsfläche nochmals kurz durcharbeiten, in drei gleich große Teile schneiden, rund wirken und mit dem Schluß nach unten auf das mit Kleie bestreute Backblech legen. Die Laibe mit einem scharfen Sägemesser der Länge nach einschneiden und ca. 15 Minuten gehen lassen. Das Brot im vorgeheizten Rohr bei 210 Grad backen.

Rundes Hirsebrot

300 g Weizenmehl
200 g Weizenschrot
30 g Hefe
100 g Hirse
50 g Butter
1 Ei
ca. ⅜ l lauwarmes Wasser
1 Teel. Zucker, ½ Eßl. Salz
1 Ei zum Bestreichen
Kleie fürs Backblech

Backzeit: ca. 30 Minuten

Das vermischte Mehl in eine Schüssel geben und in die Mitte eine Vertiefung drücken. Die Hefe in einen Hafen bröckeln, mit dem Zucker und etwas Wasser auflösen und in die Mehlvertiefung einrühren. Das Salz auf den Mehlrand streuen, die Hirse, das Ei, die zerlassene Butter und das restliche Wasser beifügen und alles zu einem mittelfesten Teig schlagen. Den Teig zugedeckt an einen warmen Ort 15 Minuten gehen lassen. Auf einer bemehlten Arbeitsfläche nochmals kurz durcharbeiten, in drei gleich große Teile trennen, runde Laibe formen und mit dem Schluß nach unten auf das mit Kleie bestreute Blech legen. Die Laibe mit einem scharfen Sägemesser klein, schachbrettartig einschneiden, mit Ei bestreichen, nochmals 15 Minuten gehen lassen und im vorgeheizten Rohr bei 200 Grad backen.

Reisbrot

100 g Reismehl
200 g Weizenmehl
100 g Roggenmehl
100 g körnig gekochter Reis
30 g Hefe
40 g Butter, 1 Ei
ca. ¼ l lauwarme Milch
1 Teel. Zucker, ½ Eßl. Salz
Butter und Mehl für Kastenform

Backzeit: ca. 30 Minuten

Das vermischte Mehl in eine Schüssel geben und in die Mitte eine Vertiefung drücken. Die Hefe in einen Hafen bröckeln, mit dem Zucker und der Milch auflösen und in die Mehlvertiefung einrühren. Das Salz auf den Mehlrand streuen, das Ei, den Reis und die zerlassene Butter beifügen und alles zu einem mittelfesten Teig schlagen. Den Teig zugedeckt an einem warmen Ort 20 Minuten gehen lassen. Auf einer bemehlten Fläche nochmals kurz durcharbeiten, in zwei gleich große Teile schneiden, rund wirken, zu Rollen formen, die man in die zwei gebutterten und bemehlten Formen gibt. Das Brot nochmals 15 Minuten gehen lassen und im vorgeheizten Rohr bei 200 Grad backen.

Roggenbrote

Igelbrot

600 g Roggenmehl
40 g Hefe
3/8 l lauwarmes Wasser
1 Teel. Zucker, 1/2 Eßl. Salz
Kleie fürs Backblech
Backzeit: 20 Minuten

Das Mehl in eine Schüssel geben und in die Mitte eine Vertiefung drücken. Die Hefe in einen Hafen bröckeln, mit Zucker und etwas Wasser auflösen und in die Mehlvertiefung einrühren. Das Salz auf den Mehlrand streuen und mit dem restlichen Wasser zu einem mittelfesten Teig schlagen. Den Teig zugedeckt an einem warmen Ort 20 Minuten gehen lassen. Auf einer bemehlten Arbeitsfläche nochmals kurz durchkneten, in drei gleich große Stücke schneiden, rund wirken, Weggen formen und mit dem Schluß nach unten auf das mit Kleie bestreute Blech legen. Die Weggen mit einer Schere einschneiden, so daß Stacheln entstehen. Das Brot muß aussehen wie ein Igel. Die Weggen ca. 15 Minuten gehen lassen und im vorgeheizten Rohr bei 200 Grad backen.

Landbrot

500 g Roggenvollmehl
100 g Weizenkeime
40 g Hefe
ca. 3/8 l lauwarmes Wasser
1 Teel. Zucker, 1/2 Eßl. Salz
Kleie fürs Backblech
Backzeit: ca. 25 Minuten

Das Mehl mit den Weizenkeimen vermischen, in eine Schüssel geben und in die Mitte eine Vertiefung drücken. Die Hefe in einen Hafen bröckeln, mit dem Zucker und etwas Wasser auflösen und in die Mehlvertiefung einrühren. Das Salz auf den Mehlrand streuen, das restliche Wasser beifügen und alles zu einem mittelfesten Teig schlagen. Den Teig zugedeckt an einem warmen Ort 25 Minuten gehen lassen. Auf einer bemehlten Fläche nochmals kurz durcharbeiten, in drei gleich große Teile schneiden, rund wirken, Weggen formen und mit dem Schluß nach unten auf das mit Kleie bestreute Blech legen. Die Weggen mit Wasser bestreichen, 20 Minuten gehen lassen und im vorgeheizten Rohr bei 200 Grad backen.

Haferkornbrot

500 g Roggenmehl
100 g kernige Haferflocken
40 g Hefe
100 ml lauwarmes Wasser
3/8 l lauwarmes Wasser
1 Teel. Zucker,
1/2 Eßl. Salz
1 Ei zum Bestreichen
Haferflocken
Kleie fürs Backblech

Backzeit: ca. 30 Minuten

Das Mehl in eine Schüssel geben und in die Mitte eine Vertiefung drücken. Die Hefe in einen Hafen bröckeln, mit dem Zucker, dem halben Wasser verrühren und in die Mehlvertiefung einrühren. Das Salz auf den Mehlrand streuen, die Haferflocken beifügen und mit dem übrigen Wasser zu einem mittelfesten Teig schlagen. Den Teig mit Mehl bestäuben und zugedeckt an einem warmen Ort 20 Minuten gehen lassen. Den Teig auf einer bemehlten Fläche kurz einmal durcharbeiten, in zwei gleich große Teile schneiden und daraus zwei Weggen formen, die man etwas flach drückt. Die Oberseite mit Ei bestreichen und in den Haferflocken wälzen. Die Weggen auf das mit Kleie bestreute Blech legen und nochmals mit Ei bestreichen. Das Brot nochmals 15 Minuten an einem warmen Ort gehen lassen und im vorgeheizten Ofen bei 200 Grad backen.

Dunkles Kümmelbrot

500 g Roggenmehl
30 g Hefe
1/2 Eßl. Salz, 1 Teel. Zucker
2 Eßl. Kümmel
3 Eßl. Zuckerfarbe (Coleur)
3/8 l lauwarmes Wasser
1 Ei zum Bestreichen
Kleie fürs Backblech

Backzeit: ca. 25 Minuten

Das Mehl in eine Schüssel geben und in die Mitte eine Vertiefung drücken. Die Hefe mit dem Zucker und etwas Wasser auflösen und in die Mehlvertiefung einrühren. Das Salz auf den Mehlrand streuen, den Kümmel beifügen und mit dem restlichen, mit der Farbe vermischten Wasser zu einem mittelfesten Teig schlagen. Den Teig zugedeckt an einem warmen Ort ca. 20 Minuten gehen lassen. Auf einer bemehlten Arbeitsfläche kurz durcharbeiten, in drei gleich große Teile schneiden, rund wirken, Weggen formen, die man mit einer Palette etwas flach drückt und auf ein mit Kleie bestreutes Blech legt. Die Weggen mit einem scharfen Sägemesser rautenförmig einschneiden, mit Ei bestreichen und nochmals 10 Minuten gehen lassen. Das Brot im vorgeheizten Rohr bei 200 Grad backen.

Roggenmischbrote

Würziges Rundbrot

250 g Weizenmehl Typ 0
250 g Roggenmehl
30 g Hefe
3/8 l lauwarmes Wasser
1 Teel. Zucker, 1/2 Eßl. Salz
1 Teel. Fenchel, 1 Teel. Anis, 1/2 Teel. Brotklee
1 Ei zum Bestreichen, Kümmel
Kleie fürs Backblech

Backzeit: ca. 25 Minuten

Das vermischte Mehl in eine Schüssel geben und in die Mitte eine Vertiefung drücken. Die Hefe in einen Hafen bröckeln, mit Zucker und etwas Wasser auflösen und in die Mehlvertiefung einrühren. Das Salz auf den Mehlrand streuen, Fenchel, Anis und Brotklee beifügen und mit dem restlichen Wasser zu einem mittelfesten Teig schlagen. Den Teig zugedeckt an einem warmen Ort 20 Minuten gehen lassen. Auf einer bemehlten Fläche nochmals kurz durcharbeiten, in drei gleich große Teile schneiden, rund wirken, die Oberseite gut mit Ei bestreichen, in Kümmel legen und auf das mit Kleie bestreute Blech legen. Die Laibe mit einem scharfen Sägemesser rechteckig einschneiden, 20 Minuten gehen lassen und im vorgeheizten Rohr bei 200 Grad backen.

Parmesanbrot

200 g Roggenmehl
200 g Roggenvollmehl
100 g Weizenmehl
100 g geriebenen Parmesan
30 g Hefe
ca. 3/8 l lauwarmes Wasser
1 Teel. Zucker, 1/2 Eßl. Salz
1 Ei zum Bestreichen
Parmesan
Kleie fürs Backblech

Backzeit: ca. 25 Minuten

Das vermischte Mehl in eine Schüssel geben und in die Mitte eine Vertiefung drücken. Die Hefe in einen Hafen bröckeln, mit dem Zucker und etwas Wasser auflösen und in die Mehlvertiefung einrühren. Das Salz auf den Mehlrand streuen, den Parmesan und das restliche Wasser beifügen und alles zu einem mittelfesten Teig schlagen. Den Teig zugedeckt an einem warmen Ort 25 Minuten gehen lassen. Auf einer bemehlten Arbeitsfläche nochmals kurz durcharbeiten, in drei gleich große Teile schneiden, rund wirken, karoförmige Laibe formen, mit Ei bestreichen, die Oberseite in Parmesan wälzen und auf das mit Kleie bestreute Blech legen. Die Laibe nochmals 15 Minuten gehen lassen und im vorgeheizten Rohr bei 190 Grad backen.

Kräftiges Roggenbrot

200 g Roggenvollmehl
100 g Roggenmehl
100 g Roggenschrot
100 g Weizenmehl
30 g Hefe
⅜ l lauwarmes Wasser
1 Teel. Anis, 1 Teel. Brotklee
1 Teel. Zucker, ½ Eßl. Salz
Kleie fürs Backblech

Backzeit: ca. 25 Minuten

Das vermischte Mehl in eine Schüssel geben und in die Mitte eine Vertiefung drücken. Die Hefe in einen Hafen bröckeln, mit Zucker und etwas Wasser auflösen und in die Mehlvertiefung einrühren. Das Salz auf den Mehlrand streuen, die Gewürze beifügen und mit dem restlichen Wasser zu einem nicht zu festen Teig schlagen. Den Teig zugedeckt an einem warmen Ort 20 Minuten gehen lassen. Auf einer bemehlten Arbeitsfläche nochmals kurz durcharbeiten, in drei gleich große Teile schneiden, rund wirken, leicht flach drücken und mit einem scharfen Sägemesser schachbrettartig einschneiden. Die Laibe auf das mit Kleie bestreute Blech legen, 15 Minuten gehen lassen und im vorgeheizten Rohr bei 210 Grad backen.

Aniswirbelrad

250 g Roggenmehl
100 g Weizenmehl
150 g Roggenvollmehl
30 g Hefe
ca. ⅜ l lauwarmes Wasser
1 Teel. Zucker, ½ Eßl. Salz, 3 Teel. Anis
Anis
1 Ei zum Bestreichen
Kleie fürs Backblech

Backzeit: ca. 15 Minuten

Das vermischte Mehl in eine Schüssel geben und in die Mitte eine Vertiefung drücken. Die Hefe in einen Hafen bröckeln, mit dem Zucker und etwas Wasser auflösen und in die Mehlvertiefung einrühren. Das Salz auf den Mehlrand streuen, den Anis und das restliche Wasser beifügen und alles zu einem mittelfesten Teig schlagen. Den Teig zugedeckt an einem warmen Ort 20 Minuten gehen lassen. Auf einer bemehlten Fläche nochmals kurz durcharbeiten, in 14 gleich große Teile schneiden, rund wirken, zu Rollen formen und daraus zwei Wirbelräder formen. Mit Ei bestreichen, mit Anis bestreuen. Nochmals 15 Minuten gehen lassen und im vorgeheizten Rohr bei 200 Grad backen.

Feines Roggenbrot

250 g Roggenmehl
100 g Roggenvollmehl
50 g Roggenschrot
100 g Weizenmehl
35 g Hefe
ca. ⅛ l lauwarme Magermilch
1 Teel. Zucker
½ Eßl. Salz
1 Ei, 1 Eßl. Schweinefett
2 Eßl. Farbe (Coleur)
2 Eßl. gemahlenen Kümmel
1 Ei zum Bestreichen
Sesamsamen
Kleie fürs Backblech
Backzeit: ca. 25 Minuten

Das vermischte Mehl in eine Schüssel geben und in die Mitte eine Vertiefung drücken. Die Hefe in einen Hafen bröckeln, mit dem Zucker und etwas Milch auflösen und in die Mehlvertiefung einrühren. Das Salz auf den Mehlrand streuen, das Ei, Schweinefett, Farbe, Kümmel und die restliche Milch beifügen und alles zu einem mittelfesten Teig schlagen. Den Teig zugedeckt an einem warmen Ort 25 Minuten gehen lassen. Auf einer bemehlten Arbeitsfläche nochmals kurz durcharbeiten, in drei gleich große Teile schneiden, rund wirken, die Oberseite mit Ei bestreichen, mit Sesamsamen leicht bestreuen und auf das mit Kleie bestreute Blech legen. Die Laibe zweimal mit einer Schere von außen nach innen einschneiden, nochmals 10 Minuten gehen lassen und im vorgeheizten Rohr bei 200 Grad backen.

Kräuterringbrot

100 g Weizenvollmehl
300 g Roggenmehl
100 g Weizenmehl
30 g Hefe
ca. ¼ l lauwarme Milch
⅛ l lauwarmes Wasser
1 Teel. Zucker, ½ Eßl. Salz
2 Teel. Hirse, 1 Teel. geh. Petersilie, 1 Teel. Weizenkeime
½ Teel. Koriander, 1 Teel. Sesamsamen, 1 Teel. Majoran
1 Ei zum Bestreichen
Kleie fürs Backblech
Backzeit: ca. 25 Minuten

Das vermischte Mehl in eine Schüssel geben und in die Mitte eine Vertiefung drücken. Die Hefe in einen Hafen bröckeln, mit dem Zucker und der Milch auflösen und in die Mehlvertiefung einrühren. Das Salz auf den Mehlrand streuen, alle Gewürze und das Wasser beifügen und alles zu einem mittelfesten Teig schlagen. Den Teig zugedeckt an einem warmen Ort 20 Minuten gehen lassen. Auf einer bemehlten Fläche nochmals kurz durcharbeiten, in drei gleich große Teile schneiden, rund wirken, leicht flach drücken und in die Mitte mit einem Kochlöffel ein Loch stechen. Durch gedrehte Bewegungen so vergrößern, daß ein Ring entsteht. Mit dem Schluß nach unten auf das mit Kleie bestreute Blech legen, mit Ei bestreichen, mit einem Herzausstecher ringsum einstechen, nochmals 15 Minuten gehen lassen und im vorgeheizten Rohr bei 200 Grad backen.

Mein Lieblingsbrot

300 g Roggenmehl
200 g Weizenmehl
50 g Kleie
30 g Hefe
⅜ l lauwarmes Wasser
50 g Sesamsamen
1 Teel. Koriander
1 Teel. Zucker, ½ Eßl. Salz
1 Ei zum Bestreichen
Kleie fürs Backblech

Backzeit: ca. 30 Minuten

Das Mehl und die Kleie in eine Schüssel geben und in die Mitte eine Vertiefung drücken. Die Hefe in einen Hafen bröckeln, mit dem Zucker und etwas Wasser auflösen und in die Mehlvertiefung einrühren. Das Salz auf den Mehlrand streuen, Sesam und Koriander beifügen und mit dem übrigen Wasser zu einem mittelfesten Teig schlagen. Den Teig zugedeckt an einem warmen Ort ca. 20 Minuten gehen lassen. Auf einer bemehlten Arbeitsfläche kurz durcharbeiten, in drei gleich große Teile schneiden, rund wirken, etwas flach drücken und mit dem Schluß nach unten auf ein mit Kleie bestreutes Blech legen. Die Brote mit einem scharfen Sägemesser der Länge nach viermal ca. 1 cm tief einschneiden und nochmals quer in der Mitte. Die Laibe mit Ei bestreichen und nochmals ca. 15 Minuten gehen lassen und im vorgeheizten Rohr bei 190 Grad backen.

Aldeiner Pietschn

100 g Weizenmehl
400 g Roggenmehl
30 g Hefe
¼ l lauwarmes Wasser
⅛ l lauwarme Milch
1 Teel. Zucker, ½ Eßl. Salz
2 Teel. Anis, 2 Teel. Brotklee
Kleie fürs Backblech

Backzeit: ca. 30 Minuten

Das Mehl in eine Schüssel geben und in die Mitte eine Vertiefung drücken. Die Hefe mit dem Zucker und Wasser auflösen und in die Mehlvertiefung einrühren. Das Salz auf den Mehlrand streuen, Anis, Brotklee und die Milch beifügen und alles zu einem mittelfesten Teig schlagen. Den Teig zugedeckt an einem warmen Ort 15 Minuten gehen lassen. Auf einer bemehlten Arbeitsfläche nochmals kurz durchkneten, in drei gleich große Teile schneiden, rund wirken und ovale Weggen formen, die man mit dem Schluß nach unten auf ein mit Kleie bestreutes Blech legt. Die Weggen aus halber Seitenhöhe schräg der Länge nach etwa 1 cm tief einschneiden und nochmals 15 Minuten gehen lassen. Das Brot im vorgeheizten Ofen bei 180 Grad knusprig backen.

Leinsamen-Koriander-Brot

100 g Weizenmehl
200 g Roggenmehl
200 g Roggenvollmehl
100 g geschroteten Leinsamen
30 g Hefe
1 Teel. Koriander
1 Teel. Zucker, ½ Eßl. Salz
⅜ l lauwarmes Wasser
3 Eßl. lauwarme Milch
Kleie fürs Backblech

Backzeit: ca. 25 Minuten

Das vermischte Mehl in eine Schüssel geben und in die Mitte eine Vertiefung drücken. Die Hefe in einen Hafen bröckeln, mit Zucker und etwas Wasser auflösen und in die Mehlvertiefung einrühren. Das Salz auf den Mehlrand streuen, den Leinsamen und Koriander beifügen, mit dem restlichen Wasser und den 3 Eßlöffeln Milch zu einem geschmeidigen Teig kneten. Den Teig zugedeckt an einem warmen Ort 25 Minuten gehen lassen. Auf einer bemehlten Arbeitsfläche nochmals kurz durchkneten, in zwei gleich große Teile schneiden, rund wirken, Weggen formen und mit dem Schluß nach unten auf ein mit Kleie bestreutes Backblech legen. Den Weggen ca. 15 Minuten gehen lassen und im vorgeheizten Rohr bei 180 Grad backen.

Rundes Roggenkörnerbrot

300 g Roggenvollmehl
200 g Weizenmehl
150 g Roggenkörner
30 g Hefe
¼ l lauwarmes Wasser
1 Teel. Zucker, ½ Eßl. Salz
Kleie fürs Backblech

Backzeit: 30 Minuten

Die Roggenkörner im Wasser 20 Minuten kochen und über Nacht eingeweicht lassen. Das vermischte Mehl in eine Schüssel geben und in die Mitte eine Vertiefung drücken. Die Hefe in einen Hafen bröckeln, mit Zucker und etwas Wasser auflösen und in die Mehlvertiefung einrühren. Das Salz auf den Mehlrand streuen, die lauwarmen, abgesiebten Roggenkörner dazugeben und mit dem restlichen Wasser zu einem mittelfesten Teig schlagen. Den Teig zugedeckt an einem warmen Ort 15 Minuten gehen lassen. Auf einer bemehlten Arbeitsfläche nochmals kurz durcharbeiten, in drei gleich große Teile schneiden, rund wirken, etwas flach drücken und auf das mit Kleie bestreute Backblech legen. Die Laibe mit einem Spieß mehrmals einstechen, nochmals 15 Minuten gehen lassen und im vorgeheizten Rohr bei 210 Grad backen.

Hufeisenbrot

100 g Weizenmehl
200 g Roggenmehl
100 g Roggenvollmehl
100 g Haferschrot
30 g Hefe
ca. 3/8 l lauwarmes Wasser
1 Teel. Zucker, 1/2 Eßl. Salz
2 Teel. Fenchel, 1/2 Teel. Brotklee
Kleie fürs Backblech

Backzeit: ca. 25 Minuten

Das vermischte Mehl in in eine Schüssel geben und in die Mitte eine Vertiefung drücken. Die Hefe in einen Hafen bröckeln, mit dem Zucker und etwas Wasser auflösen und in die Mehlvertiefung einrühren. Das Salz auf den Mehlrand streuen, den Fenchel, Brotklee und das restliche Wasser beifügen und alles zu einem mittelfesten Teig schlagen. Den Teig zugedeckt an einem warmen Ort 20 Minuten gehen lassen. Auf einer bemehlten Arbeitsfläche nochmals kurz durcharbeiten, in drei gleich große Teile schneiden, rund wirken, zu Rollen formen, die man zu einen Hufeisen formt und auf das mit Kleie bestreute Blech legt. Das Hufeisen mit einem Spieß mehrmals einstechen, nochmals 15 Minuten gehen lassen und im vorgeheizten Rohr bei 210 Grad backen.

Gewürztes Hausbrot

300 g Roggenmehl
100 g Weizenmehl
100 g Weizenschrot
30 g Hefe
ca. 1/4 l lauwarmes Wasser, 1/8 l lauwarme Milch
1 Teel. Zucker, 1/2 Eßl. Salz
2 Teel. Zimt, 1 Teel. Nelkenpulver, wenig geriebene Muskatnuß
Kleie fürs Backblech

Backzeit: ca. 25 Minuten

Das vermischte Mehl in eine Schüssel geben und in die Mitte eine Vertiefung drücken. Die Hefe in einen Hafen bröckeln, mit dem Zucker und Wasser auflösen und in die Mehlvertiefung einrühren. Das Salz auf den Mehlrand streuen, die Gewürze und die Milch beifügen und alles zu einem mittelfesten Teig schlagen. Den Teig zugedeckt an einem warmen Ort 20 Minuten gehen lassen. Auf einer bemehlten Arbeitsfläche nochmals kurz durcharbeiten, in drei gleich große Teile schneiden, rund wirken, dreieckige Laibe formen, mit Mehl bestäuben und auf das mit Kleie bestreute Blech legen. Die Brotlaibe in der Mitte der Länge nach einschneiden, 15 Minuten gehen lassen und im vorgeheizten Rohr bei 200 Grad backen.

Schrotbrote

Grahambrot

350 g Weizenschrot
150 g Weizenmehl
30 g Hefe
⅛ l lauwarmes Wasser
¼ l lauwarme Milch
1 Teel. Zucker, ½ Eßl. Salz
2 Eßl. Öl
Kleie fürs Backblech

Backzeit: ca. 25 Minuten

Das vermischte Mehl in eine Schüssel geben und in die Mitte eine Vertiefung drücken. Die Hefe in einen Hafen bröckeln, mit Zucker und Wasser auflösen und in die Mehlvertiefung einrühren. Das Salz auf den Mehlrand streuen, das Öl beifügen und mit der Milch zu einem mittelfesten Teig schlagen. Den Teig zugedeckt an einem warmen Ort 20 Minuten gehen lassen. Auf einer bemehlten Arbeitsfläche nochmals kurz durcharbeiten, in zwei gleich große Teile schneiden, rund wirken und auf ein mit Kleie bestreutes Backblech legen. Die Laibe mit einer Schere viermal ca. 2 cm tief einschneiden, nochmals 15 Minuten gehen lassen und im vorgeheizten Rohr bei 180 Grad backen.

Gemischtes Schrotbrot

150 g Weizenschrot
150 g Roggenschrot
150 g Haferschrot
50 g Weizenmehl
30 g Hefe
⅜ l lauwarmes Wasser
½ Eßl. Salz, 1 Teel. Zucker
1 Ei zum Bestreichen, Roggenschrot
Kleie fürs Backblech

Backzeit: ca. 30 Minuten

Das vermischte Mehl in eine Schüssel geben und in die Mitte eine Vertiefung drücken. Die Hefe in einen Hafen bröckeln, mit dem Zucker und etwas Wasser auflösen und in die Mehlvertiefung einrühren. Das Salz auf den Mehlrand streuen und mit dem restlichen Wasser zu einem mittelfesten Teig schlagen. Den Teig 25 Minuten zugedeckt an einem warmen Ort gehen lassen. Auf einer bemehlten Arbeitsfläche nochmals kurz durcharbeiten, in zwei gleich große Teile schneiden, rund wirken, Weggen formen, auf der Oberseite mit Ei bestreichen und im Roggenschrot wälzen. Die Weggen mit dem Schluß nach unten auf ein mit Kleie bestreutes Backblech legen, 20 Minuten gehen lassen und im vorgeheizten Rohr bei 210 Grad backen.

Roggenschrotbrot

300 g Roggenschrot mittel
100 g Roggenmehl
100 g Weizenmehl
30 g Hefe
⅛ l lauwarmes Wasser
1 Teel. Zucker, ½ Eßl. Salz
2 Teel. Kümmel, 1 Teel. Anis
Kleie fürs Backblech

Backzeit: ca. 30 Minuten

Das vermischte Mehl in eine Schüssel geben und in die Mitte eine Vertiefung drücken. Die Hefe in einen Hafen bröckeln, mit dem Zucker, dem halben Wasser verrühren und in die Mehlvertiefung einrühren. Das Salz auf den Mehlrand streuen, die Gewürze beifügen und mit dem übrigen Wasser zu einem mittelfesten Teig schlagen. Den Teig mit Mehl bestäuben und an einem warmen Ort zugedeckt 25 Minuten gehen lassen. Den Teig auf einer bemehlten Fläche kurz durcharbeiten, in drei gleiche Teile schneiden und daraus Weggen formen. Die Weggen auf ein mit Kleie bestreutes Blech legen und nochmals 15 Minuten gehen lassen. Das Brot wird im vorgeheizten Rohr bei 200 Grad gebacken.

Rundes Sesambrot

300 g Weizenschrot
100 g Weizenvollmehl
100 g Weizenmehl
50 g Sesamsamen
30 g Hefe
¼ l lauwarmes Wasser
⅛ l lauwarme Milch
1 Teel. Zucker
½ Eßl. Salz
1 Ei zum Bestreichen
Sesamsamen
Kleie fürs Backblech

Backzeit: ca. 20 Minuten

Das vermischte Mehl in eine Schüssel geben und in die Mitte eine Vertiefung drücken. Die Hefe in einen Hafen bröckeln, mit Zucker und Wasser auflösen und in die Mehlvertiefung einrühren. Das Salz auf den Mehlrand streuen, den Sesamsamen beifügen und mit der Milch zu einem nicht zu festen Teig schlagen. Den Teig zugedeckt an einem warmen Ort 15 Minuten gehen lassen. Auf einer bemehlten Arbeitsfläche nochmals kurz durcharbeiten, in drei gleich große Teile schneiden, rund wirken, leicht flach drücken, die Oberseite mit Ei bestreichen, in Sesamsamen legen und auf das mit Kleie bestreute Blech legen. Die Laibe nochmals 15 Minuten gehen lassen und im vorgeheizten Rohr bei 180 Grad backen.

Rustikales Viergetreidebrot

100 g Weizenvollmehl
100 g Roggenvollmehl
100 g Gerstenschrot
100 g Haferschrot
100 g Weizenmehl
30 g Hefe
⅛ l lauwarmes Wasser
¼ l lauwarme Milch
1 Teel. Zucker, ½ Eßl. Salz
2 Teel. Brotklee, 1 Ei zum Bestreichen
Kleie fürs Backblech

Backzeit: ca. 30 Minuten

Das vermischte Mehl in eine Schüssel geben und in die Mitte eine Vertiefung drücken. Die Hefe in einen Hafen bröckeln, mit Zucker und Wasser auflösen und in die Mehlvertiefung einrühren. Das Salz auf den Mehlrand streuen, den Brotklee beifügen und mit der Milch zu einem mittelfesten Teig schlagen. Den Teig zugedeckt an einem warmen Ort 25 Minuten gehen lassen. Auf einer bemehlten Arbeitsfläche nochmals kurz durcharbeiten, in zwei gleich große Teile schneiden, rund wirken, etwas flach drücken und mit dem Schluß nach unten auf ein mit Kleie bestreutes Backblech legen. Die Brotlaibe rautenförmig einschneiden, mit Ei leicht bestreichen, 15 Minuten gehen lassen und im vorgeheizten Rohr bei 200 Grad backen.

Vierschrotlaibe

100 g Roggenschrot
100 g Gerstenschrot
100 g Haferschrot
100 g Weizenschrot
100 g Weizenmehl
30 g Hefe
ca. ⅜ l lauwarmes Wasser
1 Teel. Zucker, ½ Eßl. Salz
Kleie fürs Backblech

Backzeit: ca. 30 Minuten

Das vermischte Mehl in eine Schüssel geben und in die Mitte eine Vertiefung drücken. Die Hefe in einen Hafen bröckeln, mit dem Zucker und etwas Wasser auflösen und in die Mehlvertiefung einrühren. Das Salz auf den Mehlrand streuen, das übrige Wasser beifügen und alles zu einem nicht zu festen Teig schlagen. Den Teig zugedeckt an einem warmen Ort 20 Minuten gehen lassen. Auf einer bemehlten Arbeitsfläche nochmals kurz durcharbeiten, in drei gleich große Teile schneiden, rund wirken und mit dem Nudelroller ein Kreuz eindrücken. Die Laibe auf das mit Kleie bestreute Blech legen, nochmals 15 Minuten gehen lassen und im vorgeheizten Rohr bei 220 Grad backen.

Brotschnecke

100 g Weizenmehl
100 g Roggenvollmehl
100 g Weizenvollmehl
100 g Haferschrot
100 g Gerstenschrot
50 g Gerstenflocken
35 g Hefe
¼ l lauwarme Milch
⅛ l lauwarmes Wasser
1 Teel. Zucker, ½ Eßl. Salz, 1 Teel. Anis
Kleie fürs Backblech
Backzeit: ca. 25 Minuten

Das vermischte Mehl mit den Gerstenflocken in eine Schüssel geben und in die Mitte eine Vertiefung drücken. Die Hefe in einen Hafen bröckeln, mit Zucker und Milch auflösen und in die Mehlvertiefung einrühren. Das Salz auf den Mehlrand streuen, den Anis beifügen und mit dem Wasser zu einem nicht zu festen Teig schlagen. Den Teig zugedeckt an einem warmen Ort 15 Minuten gehen lassen. Auf einer bemehlten Arbeitsfläche nochmals kurz durcharbeiten, in drei gleich große Teile schneiden, rund wirken, und zu Rollen formen. Daraus Schnecken rollen, die man auf das mit Kleie bestreute Blech legt. Nochmals 15 Minuten gehen lassen und im vorgeheizten Rohr bei 210 Grad backen.

Kastanienbrot

100 g Weizenvollmehl
300 g Weizenschrot
100 g Weizenmehl
150 g gebratene, geschälte Kastanien
35 g Hefe
ca. ⅜ l lauwarme Milch
1 Teel. Zucker, ½ Eßl. Salz
6 Kastanien
Kleie fürs Backblech
Backzeit: ca. 20 Minuten

Die Kastanien durch die mittlere Scheibe des Fleischwolfes drehen, mit dem Mehl vermischen, in eine Schüssel geben und in die Mitte eine Vertiefung drücken. Die Hefe in einen Hafen bröckeln, mit dem Zucker und etwas Milch auflösen und in die Mehlvertiefung einrühren. Das Salz auf den Mehlrand streuen und mit der restlichen Milch alles zu einem mittelfesten Teig schlagen. Den Teig zugedeckt an einem warmen Ort 20 Minuten gehen lassen. Auf einer bemehlten Arbeitsfläche nochmals kurz durcharbeiten, in sechs gleich große Teile schneiden, rund wirken und als Paare auf das mit Kleie bestreute Blech legen. Auf jeden Brotlaib in die Mitte eine geschälte, im Wasser blanchierte Kastanie geben, nochmals zehn Minuten gehen lassen und im vorgeheizten Rohr bei 190 Grad backen.

Vollmehlbrote

Sonnenblumenkernbrot

200 g Weizenvollmehl
100 g Weizenmehl
100 g Roggenmehl
100 g Roggenvollmehl
100 g Sonnenblumenkerne
30 g Hefe
ca. ¼ l lauwarme Milch
⅛ l lauwarmes Wasser
1 Teel. Zucker, ½ Eßl. Salz
Sonnenblumenkerne
1 Ei zum Bestreichen
Kleie fürs Backblech

Backzeit: ca. 20 Minuten

Das vermischte Mehl mit den Sonnenblumenkernen in eine Schüssel geben und in die Mitte eine Vertiefung drücken. Die Hefe in einen Hafen bröckeln, mit dem Zucker und der Milch auflösen und in die Mehlvertiefung einrühren. Das Salz auf den Mehlrand streuen und mit dem übrigen Wasser zu einem mittelfesten Teig schlagen. Den Teig zugedeckt an einem warmen Ort 20 Minuten gehen lassen. Auf einer bemehlten Fläche nochmals kurz durcharbeiten, in zwei gleich große Stücke schneiden, rund wirken, etwas flach drücken und mit dem Schluß nach unten auf das mit Kleie bestreute Blech legen. Die Laibe mit einer Schere von außen nach innen achtmal einschneiden, mit Ei bestreichen und in der Mitte mit Sonnenblumenkernen bestreuen. Die Laibe nochmals 15 Minuten gehen lassen und im vorgeheizten Rohr bei 200 Grad backen.

Gerstenbrot

200 g Gerstenvollmehl
100 g Gerstenschrot
100 g Gerstenflocken
100 g Weizenmehl
30 g Hefe
ca. ⅜ l lauwarmes Wasser
1 Teel. Zucker, ½ Eßl. Salz
1 Ei zum Bestreichen, Gerstenflocken
Kleie fürs Backblech

Backzeit: ca. 30 Minuten

Das vermischte Mehl in eine Schüssel geben und in die Mitte eine Vertiefung drücken. Die Hefe in einen Hafen bröckeln, mit dem Zucker und etwas Wasser auflösen und in die Mehlvertiefung einrühren. Das Salz auf den Mehlrand streuen, die Gerstenflocken und das restliche Wasser beifügen und alles zu einem mittelfesten Teig schlagen. Den Teig zugedeckt an einem warmen Ort 20 Minuten gehen lassen. Auf einer bemehlten Arbeitsfläche nochmals kurz durcharbeiten, in drei gleich große Teile schneiden, rund wirken, mit Ei bestreichen und in die Gerstenflocken legen. Die Laibe auf das mit Kleie bestreute Blech legen und in der Mitte mit dem Kochlöffel ein Loch drehen. Die Laibe nochmals 15 Minuten gehen lassen und im vorgeheizten Rohr bei 180 Grad backen.

Apfelbrot

300 g Weizenvollmehl
100 g Weizenschrot
100 g Weizenmehl
30 g Hefe
3 grob geraspelte Äpfel
ca. ¼ l lauwarme Milch
1 Teel. Zucker, ½ Eßl. Salz
Kleie fürs Backblech

Backzeit: ca. 30 Minuten

Das vermischte Mehl in eine Schüssel geben und in die Mitte eine Vertiefung drücken. Die Hefe in einen Hafen bröckeln, mit dem Zucker und der Milch auflösen und in die Mehlvertiefung einrühren. Das Salz auf den Mehlrand streuen, die Äpfel beifügen und alles zu einem mittelfesten Teig schlagen. Den Teig zugedeckt an einem warmen Ort 25 Minuten gehen lassen. Auf einer bemehlten Arbeitsfläche nochmals kurz durcharbeiten, in zwei gleich große Teile schneiden, rund wirken und mit dem Schluß nach unten auf das mit Kleie bestreute Blech legen. In der Mitte des Laibes mit einem Kochlöffel ein Loch drehen, nochmals 20 Minuten gehen lassen und im vorgeheizten Rohr bei 200 Grad backen.

Mandelbrot

500 g Weizenvollmehl, 50 g Weizenmehl
30 g Hefe
80 g geriebene Mandeln
2 Eßl. Bienenhonig
30 g zerlassene Butter
⅛ l lauwarme Milch
⅛ l lauwarmes Wasser
1 Teel. Zucker, ½ Eßl. Salz
1 Ei, 1 Ei zum Anstreichen
Geschälte Mandeln
Kleie fürs Backblech

Backzeit: ca. 25 Minuten

Das Mehl in eine Schüssel geben und in die Mitte eine Vertiefung drücken. Die Hefe in einen Hafen bröckeln, mit Zucker und Wasser verrühren, das man in die Mehlvertiefung einrührt. Das Salz auf den Mehlrand streuen. Die geriebenen Mandeln, das Ei, die zerlassene Butter, den Honig und die Milch unter ständigem Rühren beifügen und zu einem mittelfesten Teig schlagen. Mit Mehl bestäuben und zugedeckt an einem warmen Ort 15 Minuten gehen lassen. Den Teig auf einer bemehlten Arbeitsfläche kurz durchkneten und in zwei gleiche Teile trennen. Davon zwei runde Laibe formen, die man auf das mit Kleie bestreute Blech legt. Die Brotlaibe mit Ei bestreichen und mit geschälten, halbierten Mandeln verzieren. Die Laibe nochmals 15 Minuten gehen lassen und im vorgeheizten Ofen bei 180 Grad backen.

Holzfällerbrot

100 g Roggenvollmehl
200 g Weizenvollmehl
100 g Roggenmehl
100 g Weizenmehl
50 g gekochte Perlgerste
50 g Sonnenblumenkerne
50 g Schweinefett
35 g Hefe
ca. ⅜ l lauwarme Milch
1 Teel. Zucker, ½ Eßl. Salz
Kleie fürs Backblech

Backzeit: ca. 25 Minuten

Das vermischte Mehl in eine Schüssel geben und in die Mitte eine Vertiefung drücken. Die Hefe in einen Hafen bröckeln, mit dem Zucker und etwas Milch auflösen und in die Mehlvertiefung einrühren. Das Salz auf den Mehlrand streuen, die Gerste, das Schweinefett, die Sonnenblumenkerne und die restliche Milch beifügen und alles zu einem mittelfesten Teig schlagen. Den Teig zugedeckt an einem warmen Ort 25 Minuten gehen lassen. Auf einer bemehlten Arbeitsfläche nochmals kurz durcharbeiten, in drei gleich große Teile schneiden, rund wirken, Weggen formen und mit dem Schluß nach unten auf das mit Kleie bestreute Blech legen. Die Weggen mit einem scharfen Messer der Länge nach zweimal einschneiden, nochmals 15 Minuten gehen lassen und im vorgeheizten Rohr bei 210 Grad backen.

Sechsgetreidebrot

50 g Roggenvollmehl
50 g Weizenvollmehl
50 g Weizenkeime
50 g Gerstenvollmehl
50 g Hafervollmehl
50 g Grünkernvollmehl
50 g Buchweizenmehl
150 g Weizenmehl
30 g Hefe
3 Teel. Kümmel
ca. ⅛ l lauwarmes Wasser
¼ l lauwarme Milch
1 Teel. Zucker, ½ Eßl. Salz
1 Ei zum Bestreichen
Kleie fürs Backblech

Backzeit: ca. 30 Minuten

Das vermischte Mehl in eine Schüssel geben und in die Mitte eine Vertiefung drücken. Die Hefe in einen Hafen bröckeln, mit dem Zucker und dem Wasser auflösen und in die Mehlvertiefung einrühren. Das Salz auf den Mehlrand streuen, den Kümmel und die Milch beifügen und alles zu einem nicht zu festen Teig schlagen. Den Teig zugedeckt an einem warmen Ort 25 Minuten gehen lassen. Auf einer bemehlten Arbeitsfläche nochmals kurz durcharbeiten, in drei gleich große Teile schneiden, rund wirken, zu Rollen formen und mit dem Schluß nach unten auf das mit Kleie bestreute Blech legen. Die Rollen mit einer Schere ährenförmig einschneiden, mit Ei bestreichen, nochmals 20 Minuten gehen lassen und im vorgeheizten Rohr bei 210 Grad backen.

Grünkernbrot

300 g Grünkernmehl (mittel)
100 g Weizenmehl
100 g Roggenmehl
35 g Hefe
ca. ⅜ l lauwarme Milch
1 Teel. Zucker, ½ Eßl. Salz
Kleie fürs Backblech
Backzeit: ca. 20 Minuten

Das vermischte Mehl in eine Schüssel geben und in die Mitte eine Vertiefung drücken. Die Hefe in einen Hafen bröckeln, mit dem Zucker und etwas Milch auflösen und in die Mehlvertiefung einrühren. Das Salz auf den Mehlrand streuen und mit der übrigen Milch zu einem mittelfesten Teig schlagen. Den Teig zugedeckt an einem warmen Ort 25 Minuten gehen lassen. Auf einer bemehlten Arbeitsfläche nochmals kurz durcharbeiten, in drei gleich große Teile schneiden, rund wirken und mit dem Schluß nach unten auf das mit Kleie bestreute Blech legen. Die Laibe mit einer Schere viermal übers Kreuz einschneiden, nochmals 15 Minuten gehen lassen und im vorgeheizten Rohr bei 200 Grad backen.

Pfefferbrot

150 g Weizenvollmehl
150 g Roggenvollmehl
200 g Weizenmehl Typ 0
10 g grüne Pfefferkörner
30 g Hefe
ca. ⅜ l lauwarmes Wasser
1 Teel. Zucker, ½ Eßl. Salz
½ Teel. Koriander
Kleie fürs Backblech
Backzeit: ca. 20 Minuten

Das vermischte Mehl in eine Schüssel geben und in die Mitte eine Vertiefung drücken. Die Hefe in einen Hafen bröckeln, mit dem Zucker und etwas Wasser auflösen und in die Mehlvertiefung einrühren. Das Salz auf den Mehlrand streuen, die Pfefferkörner, Koriander und das restliche Wasser beifügen und alles zu einem mittelfesten Teig schlagen. Den Teig zugedeckt an einem warmen Ort 20 Minuten gehen lassen. Auf einer bemehlten Fläche nochmals kurz durcharbeiten, in drei gleich große Teile schneiden, rund wirken, herzenartige Laibe formen, mit dem Schluß nach unten auf das mit Kleie bestreute Blech legen und nochmals 15 Minuten gehen lassen. Die Laibe im vorgeheizten Rohr bei 200 Grad backen.

Sojabrot

250 g Roggenvollmehl
150 g Weizenmehl
200 g Soja (geschrotet)
30 g Hefe
3/8 l lauwarmes Wasser
1/8 l lauwarme Milch
1 Teel. Zucker, 1/2 Eßl. Salz
Kleie fürs Backblech

Backzeit: ca. 25 Minuten

Das vermischte Mehl in eine Schüssel geben und in die Mitte eine Vertiefung drücken. Die Hefe in einen Hafen bröckeln, mit Zucker und etwas Wasser auflösen und in die Mehlvertiefung einrühren. Das Salz auf den Mehlrand streuen, die geschrotete Soja dazugeben und mit dem restlichen Wasser zu einem mittelfesten Teig schlagen. Den Teig zugedeckt an einem warmen Ort 15 Minuten gehen lassen. Auf einer bemehlten Arbeitsfläche nochmals kurz durcharbeiten und in drei gleich große Teile schneiden, rund wirken, und kurze ovale Weggen formen, die man mit dem Schluß nach unten auf das mit Kleie bestreute Backblech legt. Den Weggen mit einer Palette der Mitte nach eine Vertiefung eindrücken, an einem warmen Ort nochmals 15 Minuten gehen lassen und im vorgeheizten Rohr bei 210 Grad backen.

Hagebuttenbrot

200 g Weizenvollmehl
50 g Weizenschrot
150 g Weizenmehl
100 g Hafermehl
30 g Hefe
50 g Hagebutten
ca. 3/8 l lauwarmes Wasser
1 Teel. Zucker, 1/2 Eßl. Salz
1 Ei zum Bestreichen
Kleie fürs Backblech

Backzeit: ca. 30 Minuten

Das vermischte Mehl in eine Schüssel geben und in die Mitte eine Vertiefung drücken. Die Hefe in einen Hafen bröckeln, mit dem Zucker und etwas Wasser auflösen und in die Mehlvertiefung einrühren. Das Salz auf den Mehlrand streuen, die geteilten Hagebutten und das übrige Wasser beifügen und alles zu einem mittelfesten Teig schlagen. Den Teig zugedeckt an einem warmen Ort 20 Minuten gehen lassen. Auf einer bemehlten Arbeitsfläche nochmals kurz durcharbeiten, in drei gleich große Teile schneiden, rund wirken und mit dem Schluß nach unten auf das mit Kleie bestreute Blech legen. Die Laibe mit einem scharfen Sägemesser ein Kreuz einschneiden, mit Ei bestreichen, nochmals zehn Minuten gehen lassen und im vorgeheizten Rohr bei 190 Grad backen.

UNSER TAGLICH BROT GIB UNS HEUTE

Bauernweggen

300 g Roggenvollmehl fein
150 g Weizenvollmehl fein
200 g Weizenmehl
40 g Hefe
½ l lauwarmes Wasser
1 Teel. Zucker, ½ Eßl. Salz
2 Teel. Anis, 1 Teel. Brotklee
Kleie fürs Backblech

Backzeit: ca. 30 Minuten

Das vermischte Mehl in eine Schüssel geben und darin eine Vertiefung drücken. Die Hefe mit dem Zucker und etwas warmem Wasser auflösen und in die Mehlvertiefung einrühren. Das Salz auf den Mehlrand streuen, den Anis und den Brotklee beifügen und mit dem restlichen Wasser zu einem mittelfesten Teig kneten. Den Teig zugedeckt an einem warmen Ort ca. 20 Minuten gehen lassen. Auf einer bemehlten Arbeitsfläche nochmals kurz durcharbeiten, in drei gleich große Teile schneiden, rund wirken und Weggen formen. Die Weggen mit dem Schluß nach unten auf ein mit Kleie bestreutes Blech legen. Das Brot nochmals 15 Minuten gehen lassen und dann im vorgeheizten Ofen bei 210 Grad backen.

Buchweizenbrot

100 g Roggenmehl
200 g Weizenmehl
200 g Buchweizenmehl mittel
30 g Hefe
ca. ⅜ l lauwarmes Wasser
1 Teel. Zucker, ½ Eßl. Salz
Kleie fürs Backblech

Backzeit: ca. 25 Minuten

Das vermischte Mehl in eine Schüssel geben und in die Mitte eine Vertiefung drücken. Die Hefe in einen Hafen bröckeln, mit dem Zucker und etwas Wasser auflösen und in die Mehlvertiefung einrühren. Das Salz auf den Mehlrand streuen und mit dem restlichen Wasser zu einem mittelfesten Teig schlagen. Den Teig zugedeckt an einem warmen Ort 20 Minuten gehen lassen. Auf einer bemehlten Arbeitsfläche nochmals kurz durcharbeiten, in zwei gleich große Teile schneiden, rund wirken und mit einem scharfen Sägemesser übers Kreuz einschneiden. Die Laibe mit dem Schluß nach unten auf das mit Kleie bestreute Blech legen, nochmals 15 Minuten gehen lassen und im vorgeheizten Rohr bei 210 Grad backen.

Gesundheitsbrote

Kartoffelbrot

100 g Weizenvollmehl
200 g Roggenmehl
100 g Weizenmehl
50 g Roggenschrot
50 g Haferschrot
150 geraspelte Kartoffeln
30 g Hefe
ca. ⅛ l lauwarmes Wasser
¼ l lauwarme Milch
1 Teel. Zucker, ½ Eßl. Salz
Kleie fürs Backblech

Backzeit: ca. 20 Minuten

Das vermischte Mehl in eine Schüssel geben und in die Mitte eine Vertiefung drücken. Die Hefe in einen Hafen bröckeln, mit dem Zucker und Wasser auflösen und in die Mehlvertiefung einrühren. Das Salz auf den Mehlrand streuen, die frisch geraspelten Kartoffeln und die Milch beifügen und alles zu einem mittelfesten Teig schlagen. Den Teig zugedeckt an einem warmen Ort 20 Minuten gehen lassen. Auf einer bemehlten Arbeitsfläche nochmals kurz durcharbeiten, in drei gleich große Teile schneiden, rund wirken und mit dem Schluß nach unten auf das mit Kleie bestreute Blech legen. In die Laibe mit einem scharfen Sägemesser ein doppeltes Kreuz einschneiden, nochmals 15 Minuten gehen lassen und im vorgeheizten Rohr bei 210 Grad backen.

Pinienbrot

100 g Haferschrot
200 g Weizenmehl
200 g Weizenvollmehl
30 g Butter
30 g Hefe
50 g Pinienkerne
ca. ¼ l lauwarme Milch
⅛ l lauwarmes Wasser
1 Teel. Zucker, ½ Eßl. Salz
1 Ei zum Bestreichen
Kleie fürs Backblech

Backzeit: ca. 20 Minuten

Das vermischte Mehl in eine Schüssel geben und in die Mitte eine Vertiefung drücken. Die Hefe in einen Hafen bröckeln, mit dem Zucker und der Milch auflösen und in die Mehlvertiefung einrühren. Das Salz auf den Mehlrand streuen, die zerlassene Butter, die Pinienkerne und das Wasser beifügen und zu einem nicht zu festen Teig schlagen. Den Teig zugedeckt an einem warmen Ort 15 Minuten gehen lassen. Auf einer bemehlten Arbeitsfläche nochmals kurz durcharbeiten, in drei gleich große Teile schneiden, rund wirken, Weggen formen und mit dem Schluß nach unten auf das mit Kleie bestreute Blech legen. Die Weggen mit einem kleinen, runden Ausstecher einstechen, daß der Weggen Ähnlichkeit mit einer Pinie hat, mit Ei bestreichen, 15 Minuten gehen lassen und im vorgeheizten Rohr bei 190 Grad backen.

Rahm-Bananen-Brot

350 g Weizenvollmehl
150 g Weizenmehl
30 g Hefe
3 kleine passierte Bananen
⅛ l lauwarme Sahne
⅛ l lauwarme Milch
½ Eßl. Salz, 1 Teel. Zucker
1 Ei zum Bestreichen
Kleie fürs Backblech

Backzeit: ca. 25 Minuten

Das vermischte Mehl in eine Schüssel geben und in die Mitte eine Vertiefung drücken. Die Hefe in einen Hafen bröckeln, mit Zucker und Milch auflösen und in die Mehlvertiefung einrühren. Das Salz auf den Mehlrand streuen, die übrigen Zutaten beifügen und alles zu einem geschmeidigen Teig schlagen. Den Teig mit Mehl bestäuben und zugedeckt an einem warmen Ort 15 Minuten gehen lassen. Auf einer bemehlten Arbeitsfläche nochmals kurz durcharbeiten, in sechs gleich große Teile schneiden, rund wirken, Bananen formen und nebeneinander auf das mit Kleie bestreute Backblech legen. Das Brot mit Ei bestreichen, nochmals 15 Minuten gehen lassen und im vorgeheizten Rohr bei 180 Grad backen.

Müslibrot

250 g Weizenmehl
250 g Weizenvollmehl
150 g knuspriges Müsli
30 g Hefe
ca. ¼ l lauwarme Milch, ⅛ l lauwarmes Wasser
1 Teel. Zucker, ½ Eßl. Salz
geschroteter Soja
1 Ei zum Bestreichen
Kleie fürs Backblech

Backzeit: ca. 25 Minuten

Das vermischte Mehl mit dem Müsli in eine Schüssel geben und in die Mitte eine Vertiefung drücken. Die Hefe in einen Hafen bröckeln, mit dem Zucker und der Milch auflösen und in die Mehlvertiefung einrühren. Das Salz auf den Mehlrand streuen, das Wasser beifügen und alles zu einem mittelfesten Teig schlagen. Den Teig zugedeckt an einem warmen Ort 20 Minuten gehen lassen. Auf einer bemehlten Fläche nochmals kurz durcharbeiten, in drei gleich große Teile schneiden, rund wirken, mit Ei bestreichen und im geschroteten Soja wälzen. Die Laibe mit dem Schluß nach unten auf das mit Kleie bestreute Blech legen, nochmals 15 Minuten gehen lassen und im vorgeheizten Rohr bei 190 Grad backen.

Grießbrot

200 g Weizenmehl
200 g Roggenmehl
200 g groben Grieß
40 g Hefe
ca. 3/8 l lauwarmes Wasser
1 Teel. Zucker, 1 Eßl. Salz
1 Ei zum Bestreichen
Kleie fürs Backblech

Backzeit: ca. 20 Minuten

Das vermischte Mehl mit dem Grieß in eine Schüssel geben und in die Mitte eine Vertiefung drücken. Die Hefe in einen Hafen bröckeln, mit dem Zucker und etwas Wasser auflösen und in die Mehlvertiefung einruhren. Das Salz auf den Mehlrand streuen und mit dem restlichen Wasser zu einem mittelfesten Teig schlagen. Den Teig zugedeckt an einem warmen Ort 20 Minuten gehen lassen. Auf einer bemehlten Fläche nochmals kurz durcharbeiten, in drei gleich große Teile schneiden, rund wirken, Rollen formen, daraus Ringe formen, die man mit dem Schluß nach unten auf das mit Kleie bestreute Blech legt. Die Ringe mit einem scharfen Sägemesser rautenförmig einschneiden, mit Ei bestreichen und im vorgeheizten Rohr bei 200 Grad backen.

Kloazenbrot

350 g Weizenvollmehl
150 g Weizenmehl
100 g Birnenkloazen
30 g Hefe
1/8 l lauwarme Milch
1 Teel. Zucker, 1/2 Eßl. Salz
1 Ei zum Bestreichen
Kleie fürs Backblech

Backzeit: ca. 25 Minuten

Das vermischte Mehl in eine Schüssel geben und in die Mitte eine Vertiefung drücken. Die Kloazen im Wasser 2 Stunden einweichen, kochen, abseihen und passieren. Die Hefe in einen Hafen bröckeln, mit Zucker und etwas Milch auflösen und in die Mehlvertiefung einrühren. Das Salz auf den Mehlrand streuen, die Kloazen und die restliche Milch beifügen und zu einem mittelfesten Teig schlagen. Den Teig zugedeckt an einem warmen Ort 20 Minuten gehen lassen. Auf einer bemehlten Arbeitsfläche nochmals kurz durcharbeiten, in drei gleich große Teile schneiden, rund wirken, mit dem Schluß nach unten auf das mit Kleie bestreute Blech legen. Die Laibe rundherum mit einer Schere achtmal zur Mitte hin einschneiden, mit Ei bestreichen, nochmals 15 Minuten gehen lassen und im vorgeheizten Rohr bei 190 Grad backen.

Honigbrot

200 g Weizenvollmehl
250 g Weizenmehl
30 g Butter
30 g Hefe
3 Eßl. Bienenhonig
1 Teel. Zucker, ½ Eßl. Salz
¼ l lauwarmes Wasser
1 Ei zum Bestreichen
Kleie fürs Backblech

Backzeit: ca. 25 Minuten

Das vermischte Mehl in eine Schüssel geben und in die Mitte eine Vertiefung drücken. Die Hefe mit dem Zucker im Wasser auflösen und in die Mehlvertiefung einrühren. Das Salz auf den Mehlrand streuen, die zerlassene Butter und den Honig beifügen und alles zu einem mittelfesten Teig schlagen. Den Teig zugedeckt an einem warmen Ort 20 Minuten gehen lassen. Auf einer bemehlten Arbeitsfläche nochmals kurz durcharbeiten, in zwei gleich große Teile schneiden, rund wirken, etwas flach drücken und mit dem Schluß nach unten auf ein mit Kleie bestreutes Blech legen. Die Brotlaibe mit einer Schere viermal von außen nach innen einschneiden und in der Mitte mit einem runden Ausstecher 1½ cm tief einstechen, mit Ei bestreichen und ca. 15 Minuten gehen lassen. Das Brot im vorgeheizten Ofen bei 190 Grad backen.

Pistazienbrot

250 g Weizenvollmehl
200 g Weizenmehl
100 g geschälte geriebene Pistazien
50 g geriebene Haselnüsse
50 g geriebene Mandeln
30 g Sesam
30 g Hefe
ca. ⅜ l lauwarmes Wasser
1 Teel. Zucker, 1 Eßl. Salz
1 Ei zum Bestreichen
Kleie fürs Backblech

Backzeit: ca. 20 Minuten

Das vermischte Mehl in eine Schüssel geben und in die Mitte eine Vertiefung drücken. Die Hefe in einen Hafen bröckeln, mit dem Zucker und etwas Wasser auflösen und in die Mehlvertiefung einrühren. Das Salz auf den Mehlrand streuen, die übrigen Zutaten, das restliche Wasser beifügen und alles zu einem mittelfesten Teig schlagen. Den Teig zugedeckt an einem warmen Ort 20 Minuten gehen lassen. Auf einer bemehlten Arbeitsfläche nochmals kurz durcharbeiten, in drei große und drei kleine Teile schneiden. Die drei großen Teile rund wirken und mit dem Schluß nach unten auf das mit Kleie bestreute Blech legen und mit Ei bestreichen. Die kleinen Teile auch rund wirken, auf die Brotlaibe geben, wieder mit Ei bestreichen, nochmals 15 Minuten gehen lassen und im vorgeheizten Rohr bei 190 Grad backen.

Haselnußbrot

300 g Weizenmehl
200 g Roggenmehl
150 g geriebene Haselnüsse
3/8 l lauwarmes Wasser
1 Teel. Zucker, 1/2 Eßl. Salz
1 Ei zum Bestreichen
35 g Hefe
Haselnüsse zum Verzieren
Kleie fürs Backblech

Backzeit: ca. 30 Minuten

Das Mehl in eine Schüssel geben und in die Mitte eine Vertiefung drücken. Die Hefe in einen Hafen bröckeln, mit dem Zucker, dem halben Wasser verrühren und in die Mehlvertiefung einrühren. Die geriebenen Haselnüsse dazugeben, das Salz auf den Mehlrand streuen und mit dem restlichen Wasser zu einem mittelfesten Teig schlagen. Mit Mehl bestäuben und an einem warmen Ort zugedeckt 20 Minuten gehen lassen. Den Teig auf einer bemehlten Fläche nochmals gut durcharbeiten. Daraus zwei Weggen formen und auf das mit Kleie bestreute Blech legen. In die Mitte des Weggens der Länge nach mit einer Palette eine Vertiefung eindrücken, die man mit Ei bestreicht und mit den Haselnüssen verziert. Das Brot an einem warmen Ort nochmals 15 Minuten gehen lassen und im vorgeheizten Rohr bei ca. 200 Grad backen.

Haselnuß-Hafer-Brot

300 g Weizenmehl
200 g Roggenmehl
100 g kernige Haferflocken
100 g geriebene Haselnüsse
40 g Hefe
⅜ l lauwarmes Wasser
1 Teel. Zucker, ½ Eßl. Salz
1 Ei zum Bestreichen
Haselnüsse, Haferflocken
Kleie fürs Backblech
Backzeit: ca. 30 Minuten

Das vermischte Mehl mit den Haferflocken in eine Schüssel geben und in die Mitte eine Vertiefung drücken. Die Hefe in einen Hafen bröckeln, mit Zucker und etwas Wasser auflösen und in die Mehlvertiefung einrühren. Das Salz auf den Mehlrand streuen, die Haselnüsse dazugeben und mit dem restlichen Wasser zu einem mittelfesten Teig schlagen. Mit Mehl bestäuben und an einem warmen Ort zugedeckt 20 Minuten gehen lassen. Auf einer bemehlten Arbeitsfläche nochmals kurz durcharbeiten, in zwei gleich große Teile schneiden, rund wirken, Weggen formen und die Oberseite mit Ei bestreichen. Die Weggen in den Haferflocken wälzen und mit dem Schluß nach unten auf das mit Kleie bestreute Blech legen. In der Mitte des Weggens mit einer Palette eine Vertiefung eindrücken, die man mit Ei bestreicht und mit Haselnüssen verziert. Das Brot an einem warmen Ort nochmals 15 Minuten gehen lassen und im vorgeheizten Rohr bei 200 Grad backen.

Walnußbrot

300 g Weizenmehl
150 g Roggenmehl
50 g Roggenvollmehl
100 g geriebene Walnüsse
30 g Hefe
ca. ⅜ l lauwarmes Wasser
1 Teel. Zucker, ½ Eßl. Salz
Walnüsse
1 Ei zum Bestreichen
Kleie fürs Backblech
Backzeit: ca. 25 Minuten

Das vermischte Mehl in eine Schüssel geben und in die Mitte eine Vertiefung drücken. Die Hefe in einen Hafen bröckeln, mit dem Zucker und etwas Wasser auflösen und in die Mehlvertiefung einrühren. Das Salz auf den Mehlrand streuen, die geriebenen Nüsse beifügen und mit dem restlichen Wasser zu einem mittelfesten Teig schlagen. Den Teig zugedeckt an einem warmen Ort 15 Minuten gehen lassen. Auf einer bemehlten Fläche nochmals kurz durcharbeiten, in drei gleich große Teile schneiden, rund wirken, Weggen formen und mit dem Schluß nach unten auf das mit Kleie bestreute Blech legen. In die Mitte des Weggens der Länge nach mit einer Palette eine Vertiefung drücken, mit Ei bestreichen und mit den Walnüssen garnieren. Die Weggen nochmals 15 Minuten gehen lassen und im vorgeheizten Rohr bei 200 Grad backen.

Mein Gesundheitsbrot

200 g Roggenvollmehl
300 g Weizenvollmehl
30 g Hefe
50 g geraspelte Karotten
50 g geraspelte Äpfel
50 g geraspelte Birnen
ca. ⅛ l lauwarme Milch
2 Eßl. Honig, 50 g Haferflocken
2 Eßl. Öl, 1 Ei zum Bestreichen
1 Teel. Zucker, ½ Eßl. Salz
Kleie fürs Backblech
Backzeit: ca. 30 Minuten

Das vermischte Mehl in eine Schüssel geben und in die Mitte eine Vertiefung drücken. Die Hefe in einen Hafen bröckeln, mit dem Zucker und der Milch auflösen und in die Mehlvertiefung einrühren. Das Salz auf den Mehlrand streuen, die übrigen Zutaten beifügen und alles zu einem nicht zu festen Teig schlagen. Den Teig zugedeckt an einem warmen Ort 25 Minuten gehen lassen. Auf einer bemehlten Arbeitsfläche nochmals kurz durcharbeiten, in drei gleich große Teile schneiden, rund wirken und mit dem Schluß nach unten auf das mit Kleie bestreute Blech legen. Die Laibe mit einer Schere bis zur Mitte 1 cm tief einschneiden, mit Ei bestreichen, nochmals 15 Minuten gehen lassen und im vorgeheizten Rohr bei 200 Grad backen.

Weizenkeimbrot

200 g Roggenmehl
200 g Weizenmehl
100 g Weizenvollmehl
100 g Weizenkeime
30 g Hefe, 50 g zerlassene Butter
⅜ l Milch
1 Teel. Zucker, ½ Eßl. Salz
Kleie fürs Backblech
Backzeit: ca. 20 Minuten

Das vermischte Mehl mit den Weizenkeimen in eine Schüssel geben und in die Mitte eine Vertiefung drücken. Die Hefe in einen Hafen bröckeln, mit Zucker und etwas Milch auflösen und in die Mehlvertiefung einrühren. Das Salz auf den Mehlrand streuen, die zerlassene Butter beifügen und mit der restlichen Milch zu einem mittelfesten Teig schlagen. Den Teig zugedeckt an einem warmen Ort 15 Minuten gehen lassen. Auf einer bemehlten Arbeitsfläche nochmals kurz durcharbeiten, in drei gleich große Stücke teilen, rund wirken und mit dem Schluß nach unten auf das mit Kleie bestreute Blech legen.
Die Laibe leicht mit Mehl bestäuben und mit einem nassen Spieß mehrmals einstechen. Das Brot nochmals 15 Minuten gehen lassen und im vorgeheizten Rohr bei 200 Grad backen.

Brötchen und Fladenbrote

Griebenbrot

300 g Roggenmehl
100 g Weizenmehl
100 g Weizenmehl Typ 0
150 g frischen Schweinespeck
30 g Hefe
ca. ¼ l lauwarme Milch, ⅛ l lauwarmes Wasser
1 Teel. Zucker, ½ l Eßl. Salz, 2 Teel. Kümmel
Kleie fürs Backblech

Backzeit: ca. 10 Minuten

Den Speck durch die mittlere Scheibe des Fleischwolfes drehen, in einen flachen Topf auslassen und die Grieben abseihen. Das vermischte Mehl in eine Schüssel geben und in die Mitte eine Vertiefung drücken. Die Hefe in einen Hafen bröckeln, mit dem Zucker und der Milch auflösen und in die Mehlvertiefung einrühren. Das Salz auf den Mehlrand streuen, den Kümmel, die Grieben und das Wasser beifügen und alles zu einem mittelfesten Teig schlagen. Den Teig zugedeckt an einem warmen Ort 20 Minuten gehen lassen. Auf einer bemehlten Fläche nochmals kurz durcharbeiten, in beliebig gleich große Stücke teilen, rund wirken und zu 1 ½ cm hohe Fladen ausrollen. Die Fladen schachbrettartig leicht einschneiden, auf das mit Kleie bestreute Blech legen, nochmals kurz gehen lassen und im vorgeheizten Rohr bei 200 Grad backen.

Würzige Fladen

100 g Weizenvollmehl
200 g Weizenmehl
200 g Roggenmehl
30 g Hefe
ca. ¼ l lauwarme Milch
⅛ l lauwarmes Wasser
1 Teel. Zucker, ½ Eßl. Salz
½ Teel. Brotklee, 1 Teel. gemahlenen Fenchel
1 Teel. gemahlenen Kümmel, 1 Ei
1 Ei zum Bestreichen, Anis
Kleie fürs Backblech

Backzeit: ca. 10 Minuten

Das vermischte Mehl in eine Schüssel geben und in die Mitte eine Vertiefung drücken. Die Hefe in einen Hafen bröckeln, mit dem Zucker und dem Wasser auflösen und in die Mehlvertiefung einrühren. Das Salz auf den Mehlrand streuen, die Gewürze, 1 Ei und die Milch beifügen und alles zu einem nicht zu festen Teig schlagen. Den Teig zugedeckt an einem warmen Ort 20 Minuten gehen lassen. Auf einer bemehlten Fläche nochmals kurz durcharbeiten, in beliebig gleich große Stücke teilen, rund wirken und zu 1 cm hohen Fladen ausrollen. Die Fladen auf das mit Kleie bestreute Blech legen, mit einem Spieß mehrmals einstechen, mit Ei bestreichen und mit Anis leicht bestreuen. Die Fladen nochmals 10 Minuten gehen lassen und im vorgeheizten Rohr bei 200 Grad backen.

Weizenbrötchen

500 g Weizenmehl
30 g Hefe
⅛ l lauwarmes Wasser
⅛ l lauwarme Milch
1 Teel. Zucker, ½ Eßl. Salz
4 Eßl. Öl, 1 Ei
1 Teel. Anis, 1 Teel. Kümmel, 1 Teel. Fenchel
Kleie fürs Backblech

Backzeit: ca. 25 Minuten

Das Mehl in eine Schüssel geben und in die Mitte eine Vertiefung drücken. Die Hefe in einen Hafen bröckeln, mit Zucker und Milch auflösen und in die Mehlvertiefung einrühren. Das Salz auf den Mehlrand streuen, Öl, Ei, Gewürze und das Wasser beifügen und alles zu einem mittelfesten Teig schlagen. Den Teig mit Mehl bestäuben und zugedeckt an einem warmen Ort ca. 20 Minuten gehen lassen. Auf einer bemehlten Arbeitsfläche nochmals kurz durcharbeiten, in beliebig gleich große Stücke teilen, rund wirken, mit Mehl leicht bestäuben, auf das mit Kleie bestreute Backblech legen und mit einer Schere ein Kreuz einschneiden. Die Brötchen nochmals 15 Minuten gehen lassen und im vorgeheizten Rohr bei 200 Grad knusprig backen.

Vinschger Paarlen

250 g Roggenmehl
100 g Weizenmehl
100 g Roggenvollmehl
30 g Hefe
1 Teel. Zucker, ½ Eßl. Salz
⅜ l lauwarmes Wasser
1 Eßl. Kümmel, 1 Eßl. Fenchel
Kleie fürs Backblech

Backzeit: ca. 20 Minuten

Das vermischte Mehl in eine Schüssel geben und in die Mitte eine Vertiefung drücken. Die Hefe in einen Hafen bröckeln, mit dem Zucker, dem halben Wasser verrühren und in das Mehl einrühren. Das Salz auf den Mehlrand streuen, Kümmel und den Fenchel samt dem übrigen Wasser beifügen und alles zu einem nicht zu festen Teig schlagen. Den Teig zugedeckt an einem warmen Ort 20 Minuten gehen lassen, danach denselben auf einer bemehlten Fläche gut durchkneten und in beliebig gleich große Stücke teilen, runde Kugeln formen, die man je zwei nebeneinander auf das mit Kleie bestreute Blech legt. Die Paarlen noch ca. 15 Minuten an einem warmen Ort gehen lassen und im vorgeheizten Ofen bei 220 Grad knusprig backen.

Vinschgerlen II

500 g Roggenmehl
100 g Weizenmehl
40 g Hefe
⅜ l lauwarmes Wasser
⅛ l lauwarme Milch
1 Teel. Zucker, ½ Eßl. Salz
2 Teel. Fenchel, ½ Teel. Brotklee
Kleie fürs Backblech

Backzeit: ca. 20 Minuten

Das vermischte Mehl in eine Schüssel geben und in die Mitte eine Vertiefung drücken. Die Hefe in einen Hafen bröckeln, mit Zucker und Milch auflösen und in die Mehlvertiefung einrühren. Das Salz auf den Mehlrand streuen, Fenchel und Brotklee samt dem Wasser zu einem nicht zu festen Teig schlagen. Den Teig zugedeckt an einem warmen Ort 20 Minuten gehen lassen. Den Teig auf einer bemehlten Arbeitsfläche gut durcharbeiten, in beliebig gleich große Stücke teilen, runde Kugeln formen, die man je zwei nebeneinander auf das mit Kleie bestreute Backblech legt. Die Paarlen nochmals 15 Minuten gehen lassen und im vorgeheizten Rohr bei 220 Grad backen.

Grahambrötchen

450 g Weizenschrot
50 g Weizenmehl
30 g Hefe
⅛ l lauwarme Milch
1 Teel. Zucker, ½ Eßl. Salz,
1 Ei
Kleie fürs Backblech
Backzeit: ca. 15 Minuten

Das Mehl in eine Schüssel geben und in die Mitte eine Vertiefung drücken. Die Hefe in einen Hafen bröckeln, mit Zucker und etwas Milch auflösen und in die Mehlvertiefung einrühren. Das Salz auf den Mehlrand streuen, das Ei beifügen und mit der restlichen Milch zu einem lockeren Teig schlagen. Den Teig zugedeckt an einem warmen Ort 15 Minuten gehen lassen. Auf einer bemehlten Arbeitsfläche nochmals kurz durcharbeiten, in beliebig gleich große Stücke teilen, rund wirken, mit Mehl leicht bestäuben und auf das mit Kleie bestreute Backblech legen. Die Brötchen nochmals 10 Minuten gehen lassen und im vorgeheizten Rohr bei 200 Grad backen.

Knoblauchfladen

200 g Weizenmehl
150 g Roggenvollmehl
100 g Haferschrot
50 g Roggenmehl
30 g Hefe
3 Knoblauchzehen, 1 Ei
ca. ¼ l lauwarmes Wasser, ⅛ l lauwarme Milch
1 Teel. Zucker, ½ Eßl. Salz
Kleie fürs Backblech, 1 Ei zum Bestreichen
Backzeit: ca. 10 Minuten

Das vermischte Mehl in eine Schüssel geben und in die Mitte eine Vertiefung drücken. Die Hefe in einen Hafen bröckeln, mit dem Zucker und Wasser auflösen und in die Mehlvertiefung einrühren. Das Salz auf den Mehlrand streuen, den gehackten Knoblauch, das Ei und die Milch beifügen und alles zu einem nicht zu festen Teig schlagen. Den Teig zugedeckt an einem warmen Ort 20 Minuten gehen lassen. Auf einer bemehlten Fläche nochmals kurz durcharbeiten, in beliebig gleich große Teile schneiden, rund wirken und zu 1 cm hohe Fladen ausrollen. Die Fladen auf das mit Kleie bestreute Blech legen, mit Ei bestreichen, mit einem Spieß mehrmals einstechen, 10 Minuten gehen lassen und im vorgeheizten Rohr bei 200 Grad backen.

Schüttelbrot

100 g Roggenvollmehl
250 g Roggenmehl
250 g Weizenmehl
30 g Hefe
¼ l lauwarmes Wasser
⅛ l Buttermilch
4 Eßl. Öl, 1 Ei
1 Teel. Zucker
1 Teel. Brotklee
3 Teel. Kümmel
½ Eßl. Salz
1 Ei zum Bestreichen
Kleie fürs Backblech
Backzeit: ca. 5—10 Min.

Das vermischte Mehl in eine Schüssel geben und in die Mitte eine Vertiefung drücken. Die Hefe in einen Hafen bröckeln, mit Zucker und Wasser auflösen und in die Mehlvertiefung einrühren. Das Salz auf den Mehlrand streuen, die übrigen Zutaten beifügen und mit der Buttermilch zu einem nicht zu festen Teig schlagen. Den Teig mit Mehl bestäuben und zugedeckt an einem warmen Ort 25 Minuten gehen lassen. Auf einer bemehlten Arbeitsfläche nochmals kurz durcharbeiten, in nicht zu große Stücke teilen, rund wirken, mit Mehl bestäuben und mit dem Nudelroller zu ca. 5 mm hohen Fladen ausrollen, die man auf das mit Kleie bestreute Blech legt, mit Ei bestreicht und mit einer Gabel mehrmals einsticht. Diese Fladen nochmals 15 Minuten gehen lassen und im vorgeheizten Rohr bei 210 Grad backen. Nach dem Backen zum Trocknen auslegen.

Fladen nach meiner Art

200 g Roggenvollmehl
300 g Weizenmehl
30 g Hefe
⅛ l lauwarme Milch
⅛ l lauwarmes Wasser
2 Eier
1 Teel. Zucker, ½ Eßl. Salz
1 Teel. Kümmel, 1 Teel. Fenchel, 1 Teel. Anis
1 Ei zum Bestreichen
Kleie fürs Backblech
Backzeit: ca. 10 Minuten

Das vermischte Mehl in eine Schüssel geben und in die Mitte eine Vertiefung drücken. Die Hefe in einen Hafen bröckeln, mit Zucker und Wasser auflösen und in die Mehlvertiefung einrühren. Das Salz auf den Mehlrand streuen, Eier, Gewürze und die Milch beifügen und alles zu einem nicht zu festen Teig schlagen. Den Teig zugedeckt an einem warmen Ort 15 Minuten gehen lassen. Auf einer bemehlten Arbeitsfläche nochmals kurz durcharbeiten, in beliebig gleich große Stücke teilen, rund wirken und mit dem Nudelroller zu 2 cm hohe Fladen ausrollen, die man auf das mit Kleie bestreute Blech legt. Die Fladen mit einer Gabel mehrmals einstechen, mit Ei bestreichen und nochmals ca. 10 Minuten gehen lassen. Die Fladen im vorgeheizten Rohr bei 200 Grad backen. Wenn sich die Fladen während der Backzeit aufblähen, mit einem Spieß einstechen.

Knäckebrot

150 g Roggenmehl
150 g Weizenmehl
50 g Weizenvollmehl
50 g Roggenvollmehl
50 g Gerstenschrot
50 g Haferschrot
70 g Butter, 1 Teel. Backpulver
3/8 l lauwarme Milch
1 Teel. Zucker, 1/2 Eßl. Salz
1 Teel. gemahlenen Fenchel
Kleie fürs Backblech
Backzeit: ca. 20 Minuten

Das vermischte Mehl in eine Schüssel geben und in die Mitte eine Vertiefung drücken. Die ganzen Zutaten in die Vertiefung geben und mit der Milch zu einem elastischen Teig kneten. Den Teig 1 Stunde rasten lassen, auf einer bemehlten Arbeitsfläche nochmals kurz durcharbeiten, in beliebig gleich große Stücke teilen, runde Kugeln formen und jedes Stück zu einem runden, dünnen Fladen ausrollen. Die Fladen auf das mit Kleie bestreute Blech legen, mit einer Gabel durch und durch einstechen und im vorgeheizten Rohr bei 160 Grad backen. Die Fladen sollen nicht braun werden. Nach dem Backen neben dem Herd auslegen und etwas trocknen lassen.

Koriander-Fladen-Brot

200 g Weizenmehl
200 g Roggenvollmehl
100 g Weizenvollmehl
30 g Hefe
30 g zerlassene Butter
1/4 l und 75 ml lauwarme Milch, 1 Ei
1 Teel. Koriander
3 Eßl. Leinsamen
1 Teel. Zucker, 1/2 Eßl. Salz
1 Ei zum Bestreichen
Koriander zum Bestreuen
Kleie fürs Backblech
Backzeit: ca. 10 Minuten

Das vermischte Mehl in eine Schüssel geben und in die Mitte eine Vertiefung drücken. Die Hefe in einen Hafen bröckeln, mit Zucker und etwas Milch auflösen und in die Mehlvertiefung einrühren. Das Salz auf den Mehlrand streuen, das Ei, die zerlassene Butter, den Teelöffel Koriander und den Leinsamen beifügen und mit der restlichen Milch zu einem mittelfesten Teig schlagen. Den Teig zugedeckt an einem warmen Ort 20 Minuten gehen lassen. Auf einer bemehlten Arbeitsfläche nochmals kurz durcharbeiten, in beliebig gleich große Stücke teilen, runde Kugeln formen und mit dem Nudelroller zu 1 cm hohen Fladen ausrollen. Die Fladen auf das mit Kleie bestreute Blech legen, mit einer Gabel mehrmals einstechen, mit Ei bestreichen und leicht mit Koriander bestreuen. Nochmals 10 Minuten gehen lassen und im vorgeheizten Rohr bei 190 Grad backen. Wenn sich die Fladen während der Backzeit aufblähen, mit einem Spieß einstechen.

Vollmehlfladen

250 g Roggenvollmehl
250 g Weizenvollmehl
30 g Hefe
1 Ei, 2 Eßl. Öl
¼ l lauwarmes Wasser
⅛ l lauwarme Milch
1 Teel. Zucker, ½ Eßl. Salz
1 Teel. Fenchel
1 Teel. Kümmel
3 Teel. Anis
1 Ei zum Bestreichen
Kleie fürs Backblech

Backzeit: ca. 15 Minuten

Das vermischte Mehl in eine Schüssel geben und in die Mitte eine Vertiefung drücken. Die Hefe mit Zucker und Wasser auflösen und in die Mehlvertiefung einrühren. Das Salz auf den Mehlrand streuen, die Gewürze beifügen und mit den restlichen Zutaten zu einem mittelfesten Teig schlagen. Den Teig zugedeckt an einem warmen Ort ca. 20 Minuten gehen lassen. Auf einer bemehlten Arbeitsfläche nochmals kurz durcharbeiten, in beliebig gleich große Stücke teilen, runde Kugeln formen und mit einem Nudelroller zu 2 cm hohen Fladen ausrollen. Die Fladen auf ein mit Kleie bestreutes Backblech legen, mit einer Gabel mehrmals einstechen, mit Ei bestreichen und nochmals ca. 10 Minuten gehen lassen. Die Fladen im vorgeheizten Rohr bei 180 Grad backen. Wenn sich die Fladen während der Backzeit aufblähen, mit einem Spieß einstechen.

Brötchenbrot

100 g Weizenmehl
300 g Weizenkeime
100 g Weizenvollmehl
40 g Hefe
ca. ⅜ l lauwarme Milch, 1 Ei
1 Teel. Zucker, ½ Eßl. Salz
Mohn, Sesamsamen, Leinsamen
Sonnenblumenkerne, ein Ei zum Bestreichen
Kleie fürs Backblech

Backzeit: ca. 20 Minuten

Das vermischte Mehl in eine Schüssel geben und in die Mitte eine Vertiefung drücken. Die Hefe in einen Hafen bröckeln, mit dem Zucker und etwas Milch auflösen und in die Mehlvertiefung einrühren. Das Salz auf den Mehlrand streuen, das Ei und die restliche Milch beifügen und alles zu einem mittelfesten Teig schlagen. Den Teig zugedeckt an einem warmen Ort 30 Minuten gehen lassen. Auf einer bemehlten Arbeitsfläche nochmals kurz durcharbeiten, in beliebig gleich große Stücke teilen, rund wirken und eng aneinander, mit dem Schluß nach unten auf das mit Kleie bestreute Blech legen. Die Brötchen mit Ei bestreichen, abwechselnd mit den Samen bestreuen, nochmals zehn Minuten gehen lassen und im vorgeheizten Rohr bei 190 Grad backen.

Sauerteigbrot

250 g Roggenmehl
250 g Roggenvollmehl
300 g Sauerteig, 1 Ei zum Bestreichen
1 Eßl. Salz, ca. ⅜ l lauwarmes Wasser
Kleie fürs Backblech

Backzeit: ca. 40 Minuten

Das vermischte Mehl in eine Schüssel geben und in die Mitte eine Vertiefung drücken. Den Sauerteig in die Vertiefung geben, das Salz auf den Mehlrand streuen und mit dem Wasser von der Mitte aus zu einem geschmeidigen Teig verarbeiten. Den Teig sehr gut durchschlagen! Den Teig mit Mehl bestäuben und zugedeckt an einem warmen Ort 35 Minuten gehen lassen. Auf einer bemehlten Arbeitsfläche nochmals kurz durcharbeiten, in zwei gleich große Teile trennen, rund wirken, zu Weggen formen, die man mit einer Palette der Länge nach 1 cm tief eindrückt. Die Weggen auf das mit Kleie bestreute Blech legen, mit Ei bestreichen, nochmals 30 Minuten gehen lassen und im vorgeheizten Rohr bei 220 Grad backen.

Rustikales Sauerteigbrot

200 g Roggenschrot
100 g Roggenmehl
100 g Gerstenschrot (mittel)
100 g Haferschrot (mittel)
50 g Gerstenflocken
300 g Sauerteig
1 Eßl. Salz, ca. ⅜ l lauwarmes Wasser
Kleie fürs Backblech

Backzeit: ca. 40 Minuten

Das vermischte Mehl in eine Schüssel geben und in die Mitte eine Vertiefung drücken. Den Sauerteig in die Vertiefung geben, das Salz auf den Mehlrand streuen und mit dem Wasser von der Mitte aus zu einem geschmeidigen Teig schlagen. Den Teig sehr gut durchschlagen! Den Teig mit Mehl bestäuben und zugedeckt an einem warmen Ort 40 Minuten gehen lassen. Auf einer bemehlten Arbeitsfläche nochmals kurz durcharbeiten, in zwei gleiche Teile trennen, rund wirken und mit dem Schluß nach unten auf das mit Kleie bestreute Blech legen. Die Brote übers Kreuz einschneiden, nochmals ca. 30 Minuten gehen lassen und im vorgeheizten Rohr bei 220 Grad backen.

Vollmehlbrot

100 g Weizenvollmehl
200 g Roggenvollmehl
100 g Gerstenvollmehl
100 g Hafervollmehl
300 g Sauerteig
1 Eßl. Salz
ca. ⅜ l lauwarmes Wasser
Kleie fürs Backblech

Backzeit: ca. 35 Minuten

Das vermischte Mehl in eine Schüssel geben und in die Mitte eine Vertiefung drücken. Den Sauerteig in die Vertiefung geben, das Salz auf den Mehlrand streuen und mit dem Wasser von der Mitte aus zu einem geschmeidigen Teig schlagen. Den Teig sehr gut durchschlagen! Den Teig mit Mehl bestäuben und zugedeckt an einem warmen Ort 35 Minuten gehen lassen. Auf einer bemehlten Arbeitsfläche nochmals kurz durcharbeiten, in zwei gleiche Teile trennen, rund wirken, Weggen formen und mit dem Schluß nach unten auf das mit Kleie bestreute Blech legen. Die Weggen mit einem Spieß einstechen, nochmals ca. 30 Minuten gehen lassen und im vorgeheizten Rohr bei 220 Grad backen.

Schrotbrot mit Sauerteig

250 g Roggenschrot
100 g Weizenschrot
150 g Roggenmehl
300 g Sauerteig
ca. ⅜ l lauwarmes Wasser
1 Eßl. Salz, 1 Eßl. Kümmel
1 Teel. Brotklee
Kleie fürs Backblech

Backzeit: ca. 35 Minuten

Das vermischte Mehl in eine Schüssel geben und in die Mitte eine Vertiefung drücken. Den Sauerteig in die Vertiefung geben, das Salz auf den Mehlrand streuen, Kümmel und Brotklee beifügen und mit dem Wasser von der Mitte aus zu einem geschmeidigen Teig verarbeiten. Den Teig sehr gut durchschlagen! Den Teig mit Mehl bestäuben und zugedeckt an einem warmen Ort 35 Minuten gehen lassen. Auf einer bemehlten Arbeitsfläche nochmals kurz durcharbeiten, in drei gleich große Teile trennen, rund wirken, zu Weggen formen, leicht mit Mehl bestäuben und mit einem scharfen Sägemesser rautenförmig einschneiden. Die Weggen auf das mit Kleie bestreute Blech legen, nochmals 30 Minuten gehen lassen und im vorgeheizten Rohr bei 220 Grad backen.

Register

Inhalt